Julische Alpen

Boris Korenčan

D1718149

 GPX-Daten zum Download

www.kompass.de/wanderfuehrer

Kostenloser Download der GPX-Daten der im
Wanderführer enthaltenen Wandertouren.

AUTOR

Boris Korenčan • parallel erwerbs-
tätig als Gerichtsdolmetscher und
Sachverständiger für Bauwesen,
in seiner Freizeit aber ein leiden-
schaftlicher Entdecker heimischer
und grenzüberschreitender land-
schaftlichen Schönheiten Italiens,
Österreichs und Kroatiens. Ist
tätig als Bergführer vor allem für
deutschsprachige Bergsteiger in
beschriebenem Alpengebiet. Die
Tatsache, dass sich in einer Luftlinie von 80 km die Adria, Voral-
penkämme und auch die höchsten
Gipfel der Julischen Alpen befinden, lässt unzählige Wanderideen
in jedem Alpenherz erblühen.

VORWORT

Den Auftrag, einen Wanderführer
für deutschsprachige Leser zu er-
stellen, nahm ich als eine persön-
liche Herausforderung an. Inzwischen sorgen die ausländischen
Bergwanderer für mehr als ein Drittel aller Übernachtungen in den slowenischen Berghütten und damit
ist die gute Kenntnis über die umliegenden Berge von großem Vorteil,
um Bergunfälle vorzubeugen und
Bergrettungsdienste so weit wie
möglich arbeitslos zu halten.
In diesem Buch werden 55 Touren
aller Schwierigkeitsstufen beschrieben. Unter vielen leichten Wanderungen widmet sich die die Mehr-
zahl aber auch solchen, die man
ebenso im Winter begehen kann.
Die Hochsaison in den Bergen von
Juli bis Oktober zu verlängern, ist es
allemal wert, denn die prachtvollen
Herbstfarben und das erste Weiß

auf den Hängen laden auf besondere Weise ein, auch über die Saison
hinaus diese Berge zu bewandern.
Ganz zu schweigen von der Erfahrung einer ursprünglichen Stille der
Bergwelt, die hier noch vor 100 Jahren geherrscht hat.

Willkommen in den Julischen Alpen!

Allen Bergfreunden wünsche ich
einen sicheren Tritt und gesunde
Rückkehr ins Tal.

Boris Korenčan

Weitere Informationen unter:
korencan.boris@gmail.com
oder Tel. +386 31 824 584

INHALT UND TOURENÜBERSICHT

AUFTAKT

Vorwort 2
Inhalt und Tourenübersicht 4
Gebietsübersichtskarte 10

Das Gebiet 12
Allgemeine Tourenhinweise 16
Meine Highlights 18

Tour		Seite	
01	Montasio – Montasch · 2753 m	22	
02	Monte Cimone · 2379 m	25	
03	Mittagskofel – Poldašnja Špica – Jôf di Miezegnot · 2087 m	28	
04	Jôf Fuart – Wischberg – Viš · 2666 m	31	
05	Monte Lussari – Luschariberg – Sv. Višarje · 1766 m	34	
06	Cima del Cacciatore – Steinerner Jäger – Kamniti lovec	37	
07	Val Rio del Lago – Bivacco Gorizia – Rifugio Corsi	40	

Montasch von der Pecolalm

ANHANG

Alles außer Wandern 182   Register 186
Übernachtungsverzeichnis 184   Impressum 188

🚩	🕐	📏	🔖	🅿	🚌	🚡	🍴	⛺	❄	🚲	🛏	📖
km	h	hm	hm									Karte
9	6:50	1250	1250	✓			✓	✓			✓	064
9	7:00	950	950	✓				✓				2801
13,6	7:00	1100	1100	✓			✓	✓			✓	064
12	9:30	1700	1700	✓			✓	✓			✓	064
10,2	4:45	950	950	✓	✓	✓	✓	✓	✓	✓	✓	2801
11,8	6:00	1300	1300	✓		✓	✓	✓			✓	2801
11	6:30	1300	1300	✓			✓				✓	064

Cima del Cacciatore – Steinerner Jäger – Kamniti lovec

INHALT UND TOURENÜBERSICHT

Tour		Seite	
08	Monte Sart – Žrd · 2324 m	43	
09	Monte Chiampon · 1709 m	46	
10	Südlicher Hang des Monte Cimone · 1250 m	49	
11	Rifugio Zacchi · 1380 m	52	
12	Monte Canin – Kanin · 2587 m	54	
13	Monte Forato – Prestreljenik · 2499 m	57	
14	Rombon · 2208 m	60	
15	Krn · 2244 m	63	
16	Mangart – Monte Mangart · 2679 m	67	
17	Monte Mataiur – Matajur · 1641 m	70	
18	Tolminka-Quelle – Krn-See · 1391 m	72	
19	Planina Zapotok (Alm) · 1385 m	75	
20	Jalovec · 2645 m	77	
21	Slemenova špica · 1911 m	80	
22	Bavški Grintavec · 2347 m	83	
23	Triglav-Seen-Tour · 2070 m	86	
24	Planina pri Jezeru-Alm · 1450 m	90	
25	Triglav · 2864 m	93	
26	Stenar · 2501 m	97	
27	Rjavina · 2532 m	100	
28	Kanjavec · 2568 m	103	
29	Krstenica · 1670 m	106	
30	Alm Uskovnica – Alm Zajamniki · 1280 m	109	
31	Rodica · 1966 m	112	

km	h	hm	hm	🅿	🚌	🚠	🍴	▲	❄	🚲	🛏	Karte
9	5:30	600	600	✓	✓		✓	✓			✓	2801
4	3:45	900	900	✓			✓					
10	5:00	900	900				✓					2801
6	2:30	450	450	✓			✓	✓	✓	✓		064
6,8	5:30	750	750	✓	✓		✓				✓	064
5,6	4:00	650	650	✓	✓		✓				✓	064
9	9:00	1700	1700	✓			✓					064
18,4	10:30	1550	1550	✓			✓	✓	✓		✓	2801
3,5	3:30	650	650	✓			✓				✓	064
4,5	2:00	350	350	✓			✓	✓	✓		✓	2801
17,1	7:30	1450	1450	✓			✓				✓	2801
7	2:00	450	450	✓			✓					064
11,4	10:00	1550	1550				✓	✓			✓	064
6,5	4:00	850	850				✓				✓	064
9,2	9:00	1650	1650	✓			✓				✓	064
22,5	10:00	1400	1400	✓			✓	✓			✓	064
12	5:00	900	900	✓			✓	✓			✓	064
13,3	11:00	1850	1850	✓			✓	✓			✓	064
11,5	10:30	1800	1800	✓			✓	✓			✓	064
12,5	10:30	1600	1600	✓			✓	✓			✓	064
16	9:30	1900	1900	✓			✓	✓	✓		✓	064
9,4	5:15	1000	1000	✓			✓				✓	064
8	3:00	300	300	✓			✓		✓		✓	064
14,8	7:00	1400	1400	✓				✓	✓			2801

INHALT UND TOURENÜBERSICHT

Tour		Seite	
32	Debela peč · 2014 m	116	
33	Špik · 2472 m	119	
34	👑 Prisojnik · 2547 m	122	
35	Vitranc · 1555 m	125	
36	Biwak unter dem Špik · 1424 m	128	
37	Um den See von Bled · 501 m	130	
38	Wasserfall Savica · 770 m	132	
39	Črna prst · 1844 m	134	
40	Altemar (Ratitovec) · 1678 m	137	
41	Vrtaška planina (Alm) · 1462 m	140	
42	Jerebica – Cima del Lago · 2126 m	143	
43	Tamar-Hütte · 1108 m	146	
44	Planina Razor (Alm) · 1315 m	149	
45	Entlang des Soča-Flusses · 920 m	152	
46	Viševnik · 2050 m	154	
47	Mangartska planina (Alm) · 1295 m	156	
48	Škrlatica · 2740 m	158	
49	Kotovo sedlo · 2134 m	161	
50	Razor · 2601 m	163	
51	Vevnica – Veunza · 2343 m	166	
52	Alm Velo Polje · 1680 m	171	
53	Um den See von Bohinj (Wochainer See) · 525 m	174	
54	Rudnica · 946 m	177	
55	Veliko Špičje · 2398 m	179	

km	h	hm	hm	P	🚌	🚠	🍴	⚠	❄	🚲	🛏	Karte
14	9:00	750	750	✓			✓	✓			✓	2801
13,5	9:00	1400	1400	✓			✓				✓	064
9,5	9:00	850	850	✓			✓	✓				064
7	4:20	750	750				✓					61
6	3:30	700	700	✓								61
5,5	2:30	50	50	✓	✓		✓			✓	✓	064
8,2	2:30	250	250	✓	✓		✓				✓	064
9	5:30	1150	1150	✓			✓	✓			✓	2801
6,9	4:15	690	690	✓			✓	✓	✓		✓	2801
6	4:30	850	850	✓					✓			61
13	7:30	1550	1550	✓				✓				064
12	3:00	250	250	✓			✓		✓	✓	✓	61
18	7:00	1100	1100	✓			✓				✓	2801
10	5:00	1300	300	✓	✓		✓			✓	✓	064
6	3:30	700	700	✓			✓	✓				064
4	1:15	200	200	✓			✓					064
10	11:00	1800	1800	✓			✓				✓	064
10	7:15	1550	1550	✓								064
18	11:30	2100	2100	✓			✓	✓			✓	064
15	10:00	1850	1850	✓			✓				✓	064
17	7:00	1000	1000	✓			✓				✓	064
10,8	3:00	80	80	✓	✓		✓		✓		✓	064
6	4:30	450	450	✓			✓	✓				064
18,8	11:00	1700	1700	✓			✓	✓			✓	064

Auf den Luschariberg – Kapelle auf 1700 m

Der Name kommt vom römischen Herrscher Julius Cesar und geht auf das 2. Jh. nach Christi zurück.

Die Julischen Alpen bilden die Südostflanke der Alpen und stoßen mit dem nördlichsten Teil des Dinarischen Gebirges zusammen.

Großräumig sind die Julischen Alpen mit Autobahnen umgeben: im Westen Udine–Tarvis–Villach, im Osten Villach–Jesenice–Bled–Ljubljana, vom Süden werden die Julischen Alpen mit der Voralpenkette umzeichnet: Ljubljana–Postojna–Ajdovščina–Gorizia–Udine.

Veliko Špičje (2398 m) von den Triglav Seen aus gesehen

Kurz vor dem Kotovo sedlo (2134 m), aus dem Tamar-Tal kommend

Touristische Orte sind Bohinj, Bled, Kranjska Gora, Tarvis und Sella Nevea. Auch auf der Hütte Kredarica unter dem Triglav ist immer etwas los. Die Wetterstation ist immer besetzt, somit können die Wanderer auch Unterkunft bekommen und der Weg ist auch im Tiefschnee gespurt.

Die Julischen Alpen bestehen aus einem hellen Kalkgestein. Diese helle, fast weiße Farbe zeichnet dieses Gebirge aus und leicht verwechselt man die Schneefelder im Frühling mit dem weißen Gestein.

Wasser ist allerdings rarer als in den Zentralalpen. Dafür gibt es aber Grotten, die ihresgleichen suchen. Eine Vertikalgrotte auf der Hochebene von Kanin zieht sich über 1600 m hinein in das Erdinnere.

Etwa ein Drittel der Julischen Alpen gehört zu Italien und zwei Drittel gehören zu Slowenien. Die Julischen Alpen sind eine Art Kreuzung der Nationen. Einzigartig in Europa treffen hier germanische, romanische und slawische Völker zusammen. Ein typisches Zeichen dafür ist der Wallfahrtsort Luschariberg—Monte Lussari—Sv. Višarje, in dem Gottesdienste in allen drei Sprachen gehalten werden.

Bohinjsko jezero – Wochainer See

Mittagskogel – Jof di Miezegnot – Poldnašnja špica (2087 m) vom Sattel Sella di Somdogna (1398 m) aus

Der markanteste Fluss in diesem Gebirge ist Soča–Isonzo–Issnitz. Er quert die Alpen im Zickzack von Norden nach Süden. Die hellgrüne Farbe des Wassers ist ein Markenzeichen dieser Gegend und so sind diesem Fluss Gedichte gewidmet worden. An seinen Ufern verlief mehr als zwei Jahre lang im Ersten Weltkrieg die Front – und zwar von Gorizia–Görz–Gorica bis zum 90 km entfernten Ort Kluže–Klausen (5 km nördlich von Bovec–Flitsch). Gerade im Jahre 2017 jährt sich zum Hundertsten Mal der Durchbruch an der Isonzo-Front. Das Vermächtnis dieser geschichtlichen Ereignisse ist im gesamten Verlauf des Soča-Flusses und dann westlich in Richtung Rombon–Sella Nevea–Monte Fuart–Jof die Miezegnot spürbar. Danach verließ die Front die Julischen Alpen

und übersprang das Fellatal in die Karnischen Alpen hinauf.

Den Kernteil der Julischen Alpen schützt die Umweltordnung des Triglav-Nationalparks. In diesem Nationalpark herrscht eine Sonderordnung, was Übernachten im Freien, das Verweilen außerhalb der markierten Wege und ein entsprechendes Verhalten beim Aufenthalt im Park anbelangt. Ein bekannter Bergführer postete auf Facebook seine geplante Übernachtung im Freien und wurde „amtlich bestraft" ...

Die Hauptorte im Inneren der Julischen Alpen bzw. an deren Rand sind: Bled, Bohinj, Mojstrana, Kranjska Gora, Tarvis, Camporosso, Sella Nevea, Gemona, Kobarid, Tolmin und Bovec.

Namenlosers Wasserfall am Weg

Schwierigkeiten etwas andere als in anderen Alpen: Die Markierungen sind ausreichend, die Probleme entstehen ausschließlich aufgrund von Orientierungslosigkeit, brüchigen Felsen oder überfüllten Klettersteigen.

■ LEICHT

Diese Wanderungen sind einfach. Sie verlaufen auf Forststraßen, alten Militärwegen und auf gut markierten Bergwegen. Sie können zwar kurz steil sein, sind aber höchstens auf kurzen Strecken felsig. Eine ernste Absturzgefahr besteht normalerweise nicht.

■ MITTEL

Bergtouren dieser Art sind von gut trainierten Bergwanderern ohne besondere Vorbereitung zu bewältigen. Sie erfordern bisweilen etwas Trittsicherheit und Schwindelfreiheit. Mitunter verlaufen diese Routen auf nicht markierten Etappen, die etwas Orientierungsgabe erfordern.

SCHWIERIGKEITSGRADE

Bei allen Routenvorschlägen wird möglichst genau auf Schwierigkeiten hingewiesen. Die Wetterverhältnisse und die Zeit bzw. die Geschichte seit dem Erscheinen dieses Buches können allerdings für Überraschungen sorgen. Zum Beispiel ist die Tour Nr. 10 noch im Jahr 2014 eine leichte Rundtour gewesen. Nach einem furchtbaren Waldbrand am Südhang des Monte Cimone ist es nun allerdings eine lange Streckentour mit einem Abzweig nach dem letzten Wasserfall oder eine 6-stündige Tour vom Dorf A zur Alm B geworden. Ansonsten sind die

■ SCHWER

Kletterwege dieser Kategorie sind als anspruchsvoll zu bezeichnen. Sie eignen sich nur für Bergsteiger mit hervorragender körperlicher Verfassung, absoluter Trittsicherheit, Schwindelfreiheit und alpiner Erfahrung. Eine sichere Wetterlage ist zwingende Voraussetzung. Auf Klettersteigen werden Kletterset und Steinschlaghelm empfohlen. Die Routen verlaufen zum Teil über längere Strecken in abgeschiedenem, unerschlossenem, weglosem und nicht markiertem Berggelände. Sie reichen bis zum Schwierigkeitsgrad III der UIAA-Skala und erfordern auch Seilsicherung.

Prisank und die beiden Fenster
(Tour 34, Seite 122)

Die Nordwand des Prisank ist nach dem Ersten Weltkrieg für Bergsteiger erschlossen worden. Auf dem Bergkamm verlief die Grenze zwischen Italien und Jugoslawien und somit war der Gipfel nur von Norden aus erreichbar. In dieser Periode entstanden zwei berühmte Nordrouten: Der Hansaweg und der Weg Kopiščarjevapot durch das Vordere Fenster.

Der Hansaweg ist wegen steiler Schneefelder oberhalb der Teufelssäule (Hudičev steber) gefährlicher. Eispickel und Steigeisen sind auch im August und September unbedingt Pflicht, denn der Schnee kann im Juli sogar weicher sein. Bei diesem Aufstieg haben wir das Geschehen in und um die Nordwand immer vor Augen. Unter uns befindet sich die vielbefahrene Passstraße nach Vršič. Auf dem gegenüberliegenden Berg Mojstrovka herrscht reger Verkehr und der sonnige Südhang vermittelt uns einen krassen Gegensatz zu unserer Umgebung, die ernst und abgeschieden scheint. Einmal durch das Vordere Fenster angekommen, erleben wir aber auch die sonnige Südseite.

Der Abstieg in Richtung Hinteres Fenster ist der schwierigste Abschnitt der slowenischen Gebirgstransversale (gezeichnet mit der Nr. 1). Tief unter uns sehen wir den Touristenrummel in Kranjska Gora, die vielen Berghütten an der Passstraße und die Karawanken.

Das Hintere Fenster ist eine Faszination für sich: Eine Felsöffnung, die an eine gotische Kathedrale erinnert; sie ist einfach bezaubernd.

Der Abstieg erfolgt dann auf dem weichen und wenig gefährlichen Südhang.

Herbst unterhalb des Prisojnik

1: Kletter-Highlight Jôf Fuart – Wischberg, 2666 m: Diese Gegend sucht ihresgleichen. Alle Wege um und auf diesen massiven Berg warten mit unzähligen Kletterpassagen auf.
→ Tour 4, Seite 31

2: See von Bled – ein Highlight zu allen Jahreszeiten: Die positive Energie des Kurorts Bled kann man bei der Rundwanderung um den See fühlen.
→ Tour 57, Seite 130

3: Črna Prst – Botanisches Highlight: In den Sommermonaten ein alpiner botanischer Garten. Nördlich des Gipfels befindet sich das einzige botanische Reservat der Julischen Alpen mit einer beeindruckenden Vielfalt an Blumen. → Tour 39, Seite 134

4: Pokljuka/Debela peč – Familien-Highlight: Die Alm Lipanca oberhalb der Pokljuka-Hochebene ist ein beliebtes Ausflugsziel, vor allem für Familien. Die Berghütte auf der Alm ist immer geöffnet. → Tour 32, Seite 116

5: Krn – Geschichtliches Highlight: Der im 1. Weltkrieg stark umkämpfte Berg lässt einem beim Wandern die Geschichte ganz nah erleben.
→ Tour 15, Seite 63

Blick vom Rodica (1966 m) nach Osten auf die Steiner Alpen

MONTASIO – MONTASCH • 2753 m

Zweithöchster Berg in den Julischen Alpen

 9 km 6:50 h 1250 hm 1250 hm 064

START | Von Sella Nevea noch 6 km bergauf zur Pecolalm, 1502 m
[GPS: UTM Zone 33 x: 379.806 m y: 5.140.711 m]
CHARAKTER | Ein schwerer Aufstieg, klarer Kopf und viel Kondition
sind unbedingt Voraussetzung. Es gibt keinen leichten Weg auf
diesen König der westjulischen Alpen.

Ein schwerer Aufstieg auf den zweithöchsten Gipfel der Julischen Alpen, aber trotzdem der einfachste von allen.

▶ Zuerst von der **Pecolalm 01** auf dem Weg 622 zum **Rifugio di Brazza 02** (1660 m). Dort tanken wir das Wasser für die gesamte Tour. Unser Weg führt Richtung Nordwesten. Der riesige Südhang vom Montasch täuscht vor, dass der Rand des Grashanges, die sogenannte **Forca dei Disteis 03** (2201 m), ziemlich nahe liegt, aber wir brauchen fast zwei Stunden bis zu dieser Scharte. Auf der nördlichen Seite liegt ein Abgrund – die Schlucht Clapadorie. Für schwindelfreie Berggänger lohnt sich der Aufstieg zu der Forca dei Disteis. Die Markierungen weisen jetzt nach Osten in das Montasch-Massiv. In die Felsen steigen wir auf zur höchsten Schotterzunge. Zuerst treffen wir auf den Kletterweg Augusto Leva, der von rechts kommt. Weiter müssen wir uns auf allen Vieren helfen, um bergauf zu kommen. Nun kommen wir zum unteren Ende der berühmten **Pipan-Leiter 04** (rechts können

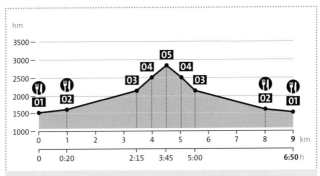

01 Pecolalm, 1502 m; **02** Rifugio di Brazza, 1660 m; **03** Forca dei Disteis, 2201 m; **04** Pipan-Leiter, 2500 m; **05** Jôf di Montasio, 2753 m

Montasch

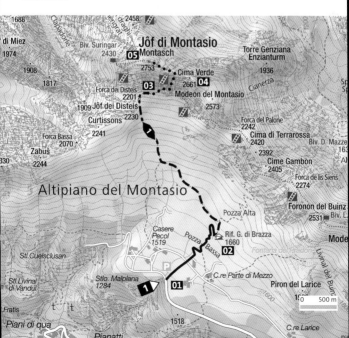

Montasch von der Pecolalm

wir dieser Schlüsselstelle ausweichen). Die Leiter ist über 60 m lang und auf ihr sind wir dem Steinschlag ausgesetzt. Absteigende können leicht am oberen Leiterende die Steine ins Rollen bringen. Unbedingt Helm tragen! Kurz nach der Klettereinlage erreichen wir den Hauptkamm und so können wir auch das Nordpanorama bewundern. Dieser Kamm hat einige Zuckerln zu bieten. Die Wegmacher haben die obere Kammpassage einfach übersehen, was die Sicherheitseinrichtungen angeht. Wir müssen kräftige Akrobatik ausüben, damit wir den **Gipfel** 05 erklimmen. Oben erwartet uns eine schöne Glocke. Vom Parkplatz auf der Pecolalm brauchen wir fast vier Stunden. Ich empfehle den gleichen Weg zurück mit dem Hinweis, dass wir die Leiterumgehung benutzen. Für Adrenalinjunkies gibt es noch andere Wege, die alle den Schwierigkeitsgrad des beschriebenen Weges übertreffen.

Die Variante über die Findenegg-Rinne zweigt auf der Forca dei Disteis ab. Wir überqueren die Westseite des Montasch bis zum Biwak Suringar, 2430 m (5 Betten, kein Wasser).
Schon vor dem Biwak müssen wir auf die Markierungen achten und bergaufklettern. Der Findeneggweg ist gar nicht gesichert, der Sicherheitsgurt hilft uns kaum auf den letzten Passagen. Wir müssen die I. und II. Kletterstufe beherrschen, um nicht in Schwierigkeiten zu geraten. Das ist der Weg des Erstbesteigers (Hermann Findenegg aus Villach).
Die Variante zum Gipfel über den Weg Augusto Leva ist eine großräumige Umgehung zum Montaschgipfel, dafür aber mit 200 m mehr Höhenunterschied und einem senkrechten Abstieg vom Cima di Terrarossa (2420 m) in die Forca del Palone (2242 m). Dieser Aufstieg dauert fast zwei Stunden länger als der beschriebene Weg.

MONTE CIMONE • 2379 m

Ein Berg mit zwei Gesichtern

  9 km 7:00 h  950 hm 950 hm 2801

START | Von Sella Nevea noch 6 km bergauf zur Pecolalm, 1502 m
[GPS: UTM Zone 33 x: 379.806 m y: 5.140.711 m]
CHARAKTER | Eine Streckenwanderung auf einen markanten
Gipfel in den Julischen Alpen.

Ein Aufstieg, der in der Scharte Forca di Vandul (1986 m) vom Bergsteiger zwar einiges verlangt, ansonsten ist der Weg aber einfach.

▶️ Zuerst von der **Pecolalm** 01 auf dem Weg 621 waagerecht bis zu den letzten Gebäuden (Molkerei). Wir folgen den ebenen Weg Nr. 621 über eine Stunde in Richtung Westen. Auf einem Stein finden wir den Abzweig Wegnummer 640 zum Monte Cimone. Im Jahr 2015 hing hier noch eine Tafel mit dem Hinweis, dass der Weg 640 zerstört ist, aber das gilt für den Abstieg ins Dognatal. Bis Monte Cimone ist der Weg nach wie vor in Ordnung. In unzähligen Kehren gewinnen wir an Höhe. Interessante Felsvorsprünge und Skulpturen aus erodiertem Gestein ziehen unsere Aufmerksamkeit auf sich. Die **Forca di Vandul** 02 ist ein Einschnitt in den Bergkamm, der sehr imposant wirkt (2 Std. bis hier). Der Kamm ist links und rechts um 200 m höher als unser Pfad. Nun sind wir an der Schlüsselstelle angelangt. Das senkrecht gespannte Seil zeigt uns klar, wo

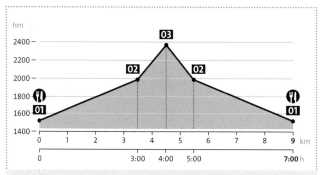

01 Pecolalm, 1502 m; **02** Forca di Vandul, 1986 m; **03** Monte Cimone, 2379 m

Pecol Alm

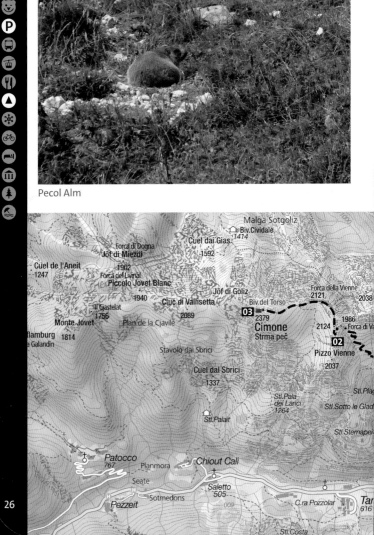

es langgeht. Es gibt genug Griffe, unsere Handmuskeln werden beansprucht. In 20 Minuten sind wir aus der gefährlichen Gegend raus und bis zum Gipfel gibt es keine nennenswerten Probleme mehr. Seit einigen Jahren steht wieder ein Biwak, Sandro del Torso (2100 m), am Weg. Dieses Biwak hat eine „bewegte" Geschichte. Es hat bereits drei- oder viermal den Standplatz gewechselt ... Hoffentlich bleibt es jetzt hier stehen, damit die Bergsteiger, die diese Zeilen lesen, nicht überrascht werden. Darin ist Platz für sechs Bergsteiger. Vom Biwak ist es noch eine gute Stunde bis zum Gipfel auf Grashängen, die mit kurzen Felsschwellen unterbrochen werden. Inzwischen wechseln wir vom Weg 640 auf den Weg 641, der direkt vom Raccolanatal kommt. Ab und zu haben wir Ausblick auf den Abgrund im Norden. Nach vier Stunden von Pecol haben wir es geschafft, der **Gipfel 03** ist erreicht. Den Montasch sehen wir von seiner schlanken Seite und er dominiert das Panorama. Nach Westen sehen wir das Tal Canal del Ferro und die Autobahn Tarvis–Udine. Für den Abstieg kann man auch den Weg 641 nehmen, der direkt auf dem Hang Viene nach Süden verläuft und auf dem Weg 621 auf der Höhe von 1550 m trifft. Dieser Weg ist wenig begangen und auch die Markierungen sind schlecht, somit ist diese Herausforderung für eher erfahrene Bergsteiger geeignet, die sich gut zu helfen wissen. Auf diesem Weg weichen wir dem Kletterabschnitt bei der Vandul-Scharte aus.

Egal wie wir absteigen: Bis zur **Pecolalm 01** und somit zum Auto brauchen wir drei Stunden.

MITTAGSKOFEL – POLDAŠNJA ŠPICA – JÔF DI MIEZEGNOT • 2087 m

Eine mittelschwere Wanderung auf den Gipfel der nordwestlichen Julischen Alpen

 13,6 km ⏱ 7:00 h 1100 hm 1100 hm 064

START | Malga Saisera (Alm), Ende der Talstraße, oder auf dem Sattel Sella di Somdogna (1398 m)
[GPS: UTM Zone 33 x: 382.375 m y: 5.145.836 m]
CHARAKTER | Eine Wanderung mit interessanten Ausblicken, mit reicher Flora und historischen Überbleibseln (Ruinen und Militärwege).

Eine mittelschwere Wanderung auf den Gipfel der nordwestlichen Julischen Alpen, mit Ruinen aus dem Ersten Weltkrieg.

▶ Am letzten Parkplatz bei der **Malga Saisera** 01 im Saiseratal steht eine kleine Kapelle. Von dort führt uns der Weg 611 bergauf. Zweimal kommt unser Weg in den Kehren mit der gesperrten Straße in Berührung. Auf der rechten Seite kommen wir oft einem Abgrund nahe. In weniger als einer Stunde stehen wir vor dem **Rifugio Fratelli Grego** 02. Hier gibt es eine Unterkunft und Übernachtungsmöglichkeit. Zum Zeitpunkt meines Besuchs gab es sogar österreichisches Bier zum Trinken.

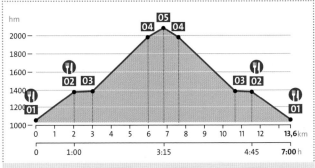

01 Malga Saisera, 1004 m; 02 Rifiugo Fratelli Grego, 1398 m; 03 Sella di Somdogna, 1398 m; 04 Schutzhütte (Gemona), 1946 m; 05 Mittagskofel, 2087 m

Die Hütte Fratelli Grego

Von der Hütte können wir einen Abstecher machen zum kleinen See (Laghetti). Der See ist aber mit Wasserpflanzen bewachsen und bietet keinen gewöhnlichen Alpensee-Eindruck. Der markierte Weg führt weiter zum Biwak Stuparich, wir müssen aber einen

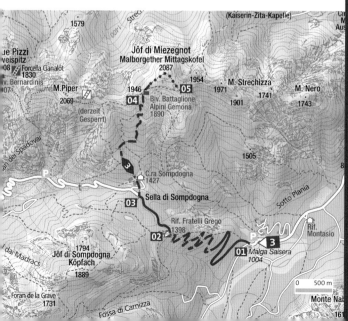

Mittagskofel

schlechten Weg hinter dem See finden, der uns auf den eigentlichen Sattel **Sella di Sompdogna** `03` bringt. Hier endet auch die Straße, die durch das Dognatal führt (50 km von Tarvis–Tarvisio oder 80 km von Udine). Neben der Straße finden wir einen Wegweiser zum Jôf di Miezegnot, 2 Std., Weg 609. Zuerst erreichen wir einige Almhütten. Eine ist in der Hochsaison sogar für Wanderer geöffnet. Unser Weg 609 führt uns in Richtung Norden. Der Weg ist ziemlich steil, so gewinnen wir schnell an Höhe. Unterwegs werden wir durch Schilder darauf aufmerksam gemacht, dass wir eventuell Brennholz auf die Schutzhütte mitnehmen sollen. Die Bäume werden immer rarer, immer mehr Lärchen begleiten uns. Auf 1900 m treten wir auf eine Wiese. Bald kommen wir zu den Ruinen eines massiven Militärgebäudes. Aus den Steinresten wurde eine **Schutzhütte (Gemona)** `04` mit vier Betten eingerichtet, auch einen Ofen gibt es hier. Von dort bis zum Gipfel des Mittagskofels sind es nur noch 20 Minuten. Der Weg führt uns im Zickzack hinauf. Kurz vor dem Hauptkamm gibt es einige Passagen, wo wir uns mit Hilfe unserer Hände weiterbewegen müssen. Der **Mittagskofel** `05` mit einem Metallkreuz steht nun vor uns. Auf dem Gipfel gibt es auch teils zugeschüttete Kavernen. Der Blick schweift nach Norden auf die Karnischen Alpen, auf das Kanaltal und auf den markanten Dobratsch.

Die Rückkehr ins Saiseratal ist auf demselben Weg möglich, oder aber auch nach Norden direkt nach Valbruna–Wolfsberg. Auf diesem Weg ist eine sogenannte Zita-Kapelle zu finden. Auf dieser Alm gibt es auch eine Unterkunft für zwei Wanderer. Der Ausblick nach Süden auf die Nordwand des Montasch und auf die Nordwand des Wischbergs sind die wesentlichen Gründe, warum dieser Berg so beliebt ist. Es gibt genug Unterkünfte auf dem Weg und der Weg ist leicht. Vorsicht ist bei Schnee oberhalb der Gemona-Schutzhütte geboten.

JÔF FUART – WISCHBERG – VIŠ • 2666 m

Starker Berg

 12 km 9:30 h 1700 hm 1700 hm 064

START | 2 km nach dem See Lago del Predil, Abzweig für den Weg 650
[GPS: UTM Zone 33 x: 387.250 m y: 5.140.400 m]
CHARAKTER | Ein schwerer Aufstieg auf einen der markantesten Berge in den Julischen Alpen. Übernachtung ist im Rifugio Corsi möglich.

Ein schwere Streckentour bis zum Rifugio Corsi und dann eine Rundwanderung über den Gipfel vom Jôf Fuart (2666 m).

▶ Die Straße von Tarvis nach Sella Nevea überquert den Bach **Rio Bianco 01** etwa 2 km nach dem See Lago del Predil. Dort lassen wir unser Auto stehen und suchen den Wegweiser für den Weg Nr. 650. Wir folgen dem Bach Trincea hinauf und die Schwierigkeiten beginnen schon nach einer Stunde wandern. Wir müssen die Hände benutzen, um sicher weiterzukommen. Von rechts kommt der Weg Nr. 629 (Rifugio Brunner) und dann wandern wir auf der Nummer 629 weiter. Es gibt noch eine schwierige Passage auf der Seehöhe 1700 m (2 Std. nach dem Start). Das **Rifugio Corsi 02** befindet sich auf unserer linken Seite. Nach 2:30 Std. haben wir uns die Pause bei der Hütte verdient. Die Gegend ähnelt einer Bühne, die Tribünen bilden die Gipfel. Von der Hütte können wir aber schlecht abschätzen, welche der Spitzen der Jôf

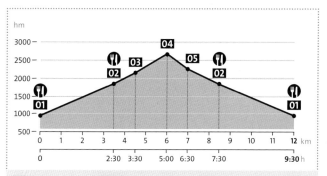

01 Rio Bianco, 980 m; **02** Rifugio Corsi, 1874 m; **03** Forcella di Riofreddo, 2240 m; **04** Jôf Fuart, 2666 m; **05** Mosesscharte, 2271 m

Jôf Fuart

Fuart ist. Von der Hütte gehen wir zuerst auf dem Weg Nr. 625 nach Norden. Bald wechseln wir zum Weg Nr. 627 und folgen diesem bis zur Scharte **Forcella di Riofreddo 03** (2240 m). Einen Wegweiser, der uns nach links zum Jôf Fuart einlädt (direkter Südweg) lassen wir außer Acht. Auf der Scharte treffen wir auf dem Weg Sentiero Anita Goitan und diesem Klettersteig verfolgen wir (links), bis wir an den direkten Südweg stoßen (1 Std. klettern). Diesen Weg weiter (rechts hinauf) noch eine halbe Stunde bis zum **Jôf Fuart 04**. Die Schwierigkeiten sind geringer als auf dem Weg Anita Goitan. Oben angekommen merken wir, was für ein starker Berg dieser Jôf Fuart (auf Deutsch: „Starker Berg") ist. Die Berge in der Umgebung sind um einige Meter niedriger. Montasch zeigt uns seine steilste Sei-

Hoch über den Wolken

te. Bei schönem Wetter reicht der Blick bis zu den Schneegipfeln der Hohen Tauern. Im Süden sind Monte Canin und Monte Forato, im Osten Jalovec und Monte Magart (Mangart) und im Norden der Wallfahrtsort Monte Lussari zu sehen.

Abstieg zum Rfugio Corsi auf dem Rundweg. Zuerst steigen wir zum Klettersteig Anita Goitan ab, dann biegen wir rechts auf den Anita-Goitan-Weg und erreichen nach einstündigem Klettern die **Mosesscharte 05** (2271 m). Der Name kommt von einer Felsbildung, die in der Nähe in den Himmel ragt. Dort suchen wir den einfachen und markierten Abstieg

zum **Rifugio Corsi 02** (1874 m). Von der Hütte steigen wir auf dem Weg Nr. 629 und dann Nr. 650 zurück ins Tal zum Parkplatz beim **Rio Bianco 01**. An zwei Kreuzungen müssen wir aufmerksam sein. Der erste Rechtsabzweig führt nach Malga Grandtagar (1530 m) und der zweite (Weg Nr. 629) führt zum Rifugio Brunner. Vor geraumer Zeit war die Straße nach Malga Grantagar für den Verkehr geöffnet und von dieser Alm konnte man das Rifugio Corsi in 60 Minuten erreichen. Nun ist kurz nach dem Abzweig von der Hauptstraße Tarvis–Sella Nevea schon eine Schranke und das bedeutet für die Bergsteiger 1:30 Std. wandern.

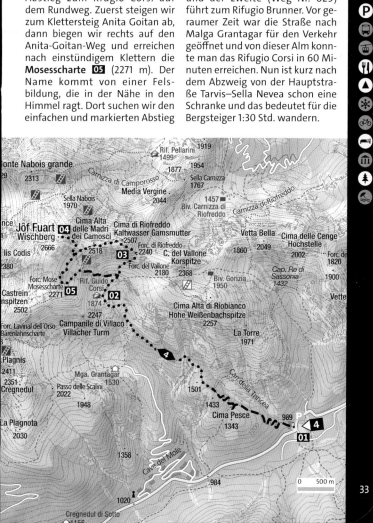

MONTE LUSSARI – LUSCHARIBERG – SV. VIŠARJE • 1766 m

In einen Wallfahrtsort

 10,2 km 4:45 h 950 hm 950 hm 2801

START | Parkplatz bei der Talstation der Bergbahn auf den Monte Lussari bei Comporosso – Saifnitz
[GPS: UTM Zone 33 x: 387.525 m y: 5.151.386 m]
CHARAKTER | Eine leichte Wanderung auf dem breiten Pilgerweg zur Wallfahrtskirche auf dem Luschariberg.

Der Wallfahrtsort Luschariberg – Monte Santo di Lussari – Sv. Višarje hat eine jahrhundertelange Geschichte. Laut Volksüberlieferung soll ein Hirte auf dem Luschariberg seine Schafe kniend vor einem Gebüsch gesehen haben. Als er sich diesem Gebüsch näherte, erblickte er eine Statue von Maria mit Jesus im Schoß. Er brachte diese Statue zum Priester nach Seifnitz. Er steckte sie in den Schrank. Am nächten Tag wiederholte sich die Szene vom Vortag. Die Statue war aus dem Schrank verschwunden und tauchte auf dem Luschariberg wieder auf. Als sich diese Geschichte zum dritten Mal wiederholte, bat der Priester den Patriarch aus Aquileia (Sitz der Diözese) um Rat. Er ordnete an, an der Stelle, wo die Statue gefunden wurde, eine Kapelle zu errichten. Danach wurde eine Kirche aus Holz erbaut. Im Jahre 1807 brannte nach einem Blitzschlag die Kirche

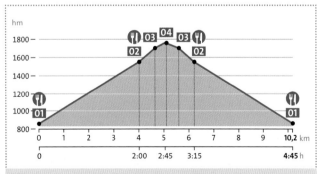

01 Seilbahn Monte Lussari, Talstation, 825 m; 02 Malga di Lussari, 1570 m; 03 Kapelle, 1710 m; 04 Monte Lussari–Luschariberg, 1766 m

ab, die Statue wurde jedoch gerettet. Später wurde eine neue Kirche aus Bausteinen errichtet. Am 16. September 1915 (während des 1. Weltkrieges) schlug eine Granate ein und verwüstete die Kirche. Die Statue wurde erneut gerettet und im Jahre 1925 kehrte sie in die neu erbaute Kirche zurück. An

diesem Wallfahrtsort treffen vier Völker zusammen: Italiener, Österreicher, Friauler und Slowenen.

▶ Von der **Talstation** der **Monte-Lussari-Bahn** 01 gehen wir Richtung Tarvis–Tarvisio ca. 300 m, dann biegen wir rechts Richtung Süden in ein kleines Tal, in dem

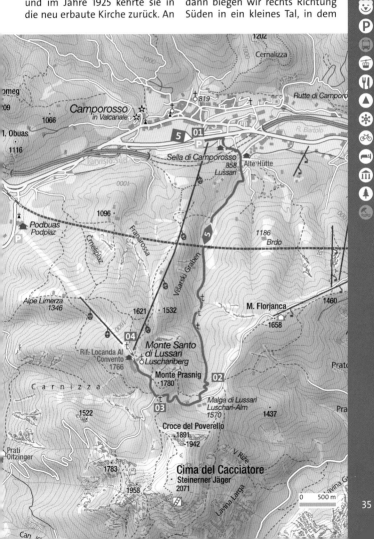

Anfang des Pilgerwegs der drei Nationen

sich der Pilgerweg (Weg Nr. 613) befindet. Zuerst begleitet uns das Rauschen des Wassers, später ist dieser Graben trocken. Es gibt nur noch einige Kreuzwegstationen, die erhalten geblieben sind. Der Pilgerweg ist breit und der Wald bietet uns den nötigen Schutz vor Sonnenstrahlen. Dieser Pilgerweg wird zu allen Jahreszeiten begangen (auch von Tourenski-Gehern). In zwei Stunden erreichen wir die **Malga di Lussari** 02 (1570 m, Verpflegung in der Hirtenhütte).

Danach folgen wir dem Pilgerweg außerhalb der Skipiste, da es auf der Skipiste selbst sehr heiß werden kann. In 15 Minuten erreichen wir eine **Kapelle** 03 und eine Zubringerstraße aus dem Saiseratal. Hier ist auch eine Wegkreuzung. Der linke Weg Nr. 613 führt zum Steinernen Jäger (Tour 6), der rechte Weg bringt uns zum Wallfahrtsort **Luschariberg** 04. Es gibt einige Gasthäuser und Pensionen unterhalb der Kirche. Unweit des Luschariberg befindet sich die Bergstation der Luscharibahn (aus Seifnitz–Comporosso). Die Bahn ist im Sommer und im Winter in Betrieb.

Monte Lussari

CIMA DEL CACCIATORE – STEINERNER JÄGER – KAMNITI LOVEC

Lange Tour auf den Steinernen Jäger

⚡ 🧭 11,8 km ⏰ 6:00 h 📈 1300 hm 📉 1300 hm 📱 2801

START | Parkplatz bei der Talstation der Bergbahn auf den Monte Lussari bei Camporosso – Saifnitz
[GPS: UTM Zone 33 x: 387.525 m y: 5.151.386 m]
CHARAKTER | Eine leichte Wanderung auf dem Pilgerweg mit 20-Meter-Seil kurz vor dem Gipfel.

▶ Von der **Talstation der Monte-Lussari-Bahn 01** gehen wir Richtung Tarvis–Tarvisio ca. 300 m, dann biegen wir rechts nach Süden in ein kleines Tal, in dem sich der Pilgerweg (Weg Nr. 613) befindet. Dieser Pilgerweg wird zu allen Jahreszeiten begangen (auch mit Tourenskiern).
Nach der **Luschari-Alm 02** (1570 m) müssen wir den Pilgerweg verlassen und die Skipiste überqueren. Bei einer **Kapelle 03** suchen wir nach Wegweisern zum Cima del

Cacciatore – Weg Nr. 613. Wir laufen noch eine Weile im Wald, der sich aber oberhalb von 1900 m lichtet und haben schönere Aussicht, dafür ist aber die Sonneneinstrahlung umso stärker.
Kurz vor dem **Cima del Cacciatore 04** führt uns ein sicheres Seil von einer Rinne in die andere (einzige Problemstelle).
Falls wir von Camporosso kommen ist es sinnvoll, nur noch umzudrehen und nach Monte Lussari abzusteigen und mit der Bergbahn

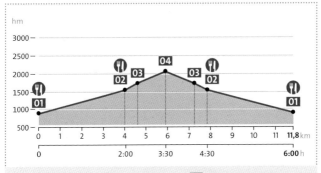

01 Seilbahn Monte Lussari, Talstation, 825 m; **02** Malga di Lussari – Luschari-Alm, 1570 m; **03** Kapelle, 1710 m; **04** Cima del Cacciatore, 2071 m

Unser Ziel ist zum Greifen nahe

hinunterzufahren. Diejenigen, die aber von Monte Lussari starten und noch über genug Kondition verfügen, können den Steinernen Jäger überqueren und zum Sella Prasnig (1491 m) absteigen. Von dort kommt man auf dem Weg Nr. 615 nach Val Saisera kommen (Valbruna – Wolfsbach), oder auf dem Weg Nr. 617 wieder nach Monte Lussari zurück. Im Frühling Steigeisen und Eispickel mitnehmen.

Er hat überlebt

VAL RIO DEL LAGO – BIVACCO GORIZIA – RIFUGIO CORSI

Hoch über dem Raccolana-Tal

  11 km 6:30 h 1300 hm 1300 hm  064

START | 2 km nach dem See Lago del Predil, Abzweig für den Weg 625
[GPS: UTM Zone 33 x: 387.400 m y: 5.140.578 m]
CHARAKTER | Ein schwerer Aufstieg ohne Gipfeleroberung.
Die Scharte überqueren wir in einem Kriegsschacht, in dem wir unbedingt die Stirnlampe brauchen.

Eine schwere Rundwanderung durch das Rio-Bianco-Tal auf die Scharte Forcella del Vallone (2180 m, Tunnel) und über das Rifugio Corsi (1874 m) zurück ins Val Rio del Lago.

▶ Die Straße von Tarvis nach Sella Nevea überquert den Bach **Rio Bianco** 01 etwa 2 km nach dem See Lago del Predil. Dort lassen wir unser Auto stehen und suchen den Wegweiser (rechts vor der Brücke) für Bivacco Gorizia, 2:30 Std., Wegnummer 625. Auf diesem Weg werden wir keinen Durst leiden, da wir über zwei Stunden am Rio Bianco bzw. an den Nebenbächen entlang aufsteigen. Nach 1:15 Std. erreichen wir die Jagdhütte **Rifugio Brunner** 02 (1432 m). 2012 ist sie erneuert worden, steht aber nur den Kletterern zur Verfügung. Weiter folgen wir dem Weg 625,

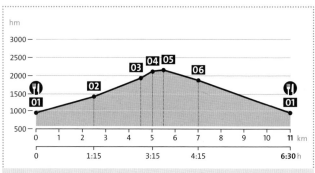

01 Rio Bianco, 980 m; **02** Rifugio Brunner, 1432 m; **03** Bivacco Gorizia, 1950 m; **04** Alta di Rio Bianco-Scharte, 2150 m; **05** Forcella del Vallone, 2180 m; **06** Rifugio Corsi, 1874 m

der bald einen Knick nach Westen macht (Abzweig 630). In etwas mehr als einer Stunde erreichen wir die pfannenartige Hochebene und hier ist auf einem großen Felsen die Aufschrift „Bivacco" (links) zu sehen. Hier stehen das **Bivacco Gorizia 03** und noch eine zusätzliche Blechunterkunft. Vom Biwak weiter verfolgen wir den Weg Sentiero del Centenario (Jahrhundertweg). Zuerst steil nach Süden auf dem Geröllhang hinauf in Richtung **Alta di Rio-Bianco-Scharte 04** (2150m). Danach biegen wir rechts ab und steigen weiterhin auf, bis wir auf die Seile treffen. Hier wird der Aufstieg akrobatisch, das ist

Wegweiser am Start

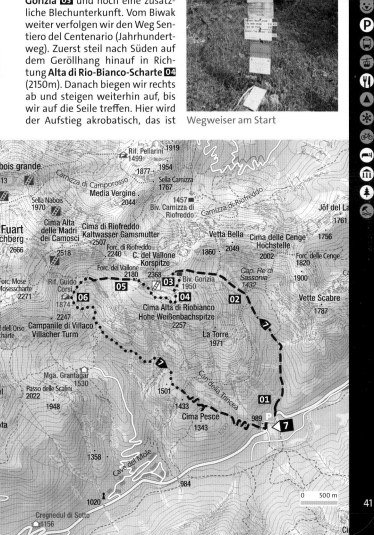

Scharte

der schwerste Abschnitt dieser Wanderung. Nun wieder steil hinunter in eine namenlose Scharte. Unser Weg verläuft weiter auf einem Kamm entlang (gesichert mit Seil). Wir steigen noch etwas hinunter und kommen zum Schachteingang. Im Schacht gibt es unzählige Kurven und Abstiege auf Leitern, deswegen ist eine gute Lampe die Voraussetzung für diesen Abschnitt. Dann endet der Schacht, wir treten ans Tageslicht und in ein paar Minuten sind wir an der Scharte **Forcella del Vallone** 05 (2180 m). Auf dieser Scharte

können wir auch direkt auf dem Weg 625 gelangen (vom Biwak 45 Min.).

Von hier steigen wir ab zum **Rifugio Corsi** 06 (45 Min.). Von der Hütte folgen wir zuerst dem Weg 629 zum Rifugio Brunner. Nach ca. 45 Minuten kommen wir zur Wegkreuzung (Seehöhe 1500 m). Wir wechseln auf den Weg Nr. 650, der uns ins Val Rio del Lago bringt (1 Std.). Zum Startpunkt brauchen wir nur noch ca. 200 m talwärts (nach links) der Straße entlang zu laufen und wir erreichen den **Parkplatz beim Rio Bianco** 01.

Bivacco Gorizia

MONTE SART – ŽRD • 2324 m

Wanderung mit Seilbahn-Unterstützung

  9 km 5:30 h  600 hm 600 hm 2801

START | Bergbahn Sella Nevea, 22 km von Tarvis
[GPS: UTM Zone 33 x: 382.371 m y: 5.138.274 m]
CHARAKTER | Eine leichte, aber trotz der Starthöhe lange
Wanderung auf den Militärwegen der nordwestlichen Julischen
Alpen mit interessanten Ausblicken auf wenig besuchtes
Bergland.

▶ Ab Mitte Juli fährt die **Bergbahn Sella Nevea** **01** im Sommerbetrieb (ab 8:30 Uhr, Stand 2016). Somit sparen wir uns mühsame zwei Stunden auf einer (im Sommer) langweiligen Skipiste. Von der oberen Station der Bergbahn aus suchen wir den Weg zur **Gilbertihütte** **02** (ca. 200 m), dort finden wir die Wegmarkierungen. Unser Weg Nr. 632 führt nach Westen auf den Sattel Bila Pec (2005 m, gute halbe Stunde). Dort finden wir Reste einer Kaserne und ein Plateau der Militärbergbahn, die vor 100 Jahren funktionierte. Von dort führt uns ein bequemer Weg zum Biwak Marussich (2040 m), das auf dem **Sattel Peravo** **03** liegt (1 Std.). Dort befindet sich eine Wegkreuzung. Wir folgen den Markierungen Richtung Monte Sart (Nr. 632). Von dort folgen wir dem Weg zum nächsten Sattel (Sella Blasic oder Forcia di Terrarossa, 2137 m) und biegen dort rechts in Richtung Gipfel ab. Der Weg wird etwas mühsamer

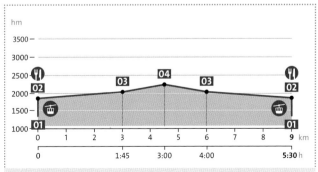

01 Sella Nevea (Bergbahn), 1182 m; **02** Gilbertihütte, 1850 m; **03** Sattel Peravo, 2040 m; **04** Monte Sart, 2324 m

Gilbertihütte und Fenster von
Monte Forato

und steiler. Wir erreichen in 45 Minuten einen Vorgipfel (im Nebel glaubt man, den wahren Gipfel erreicht zu haben), in Wahrheit erwarten uns noch 30 Minuten Auf und Ab auf dem Hauptkamm, bis wir den **Monte Sart 04** erreichen. Dieser Kamm enthält Eisenerz und ist damit ein perfektes Ziel für Blitzschlag (sicheres Wetter planen). Auf dem gleichem Weg zurück. Sollte uns das Glück verlassen und wir verpassen die letzte Talfahrt, dann können wir noch in 1:30 Std. auf dem Weg Nr. 635 zurück nach **Sella Nevea 01** laufen (abseits der Skipiste).

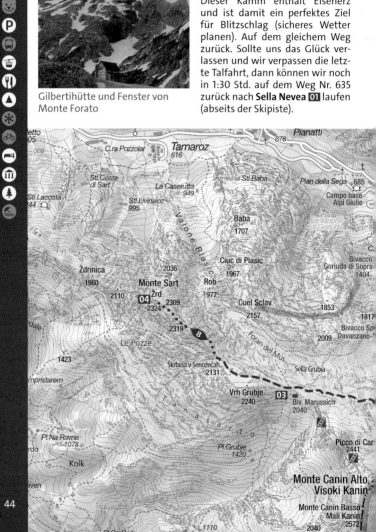

Leben auf der Höhe

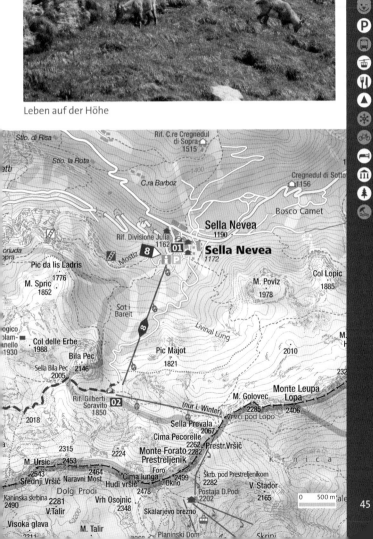

MONTE CHIAMPON • 1709 m

Eine mittelschwere Wanderung auf den westlichsten Berg der Julischen Alpen

 4 km 3:45 h 900 hm 900 hm

START | Parkplatz unter dem Bauernhof auf dem Sattel Sella Foredor, 980 m
[GPS: UTM Zone 33 x: 359.240 m y: 5.127.083 m]
CHARAKTER | Eine mittelschwere Wanderung mit einer Stelle (Passo di Signorina auf 1400 m), wo wir die Hände brauchen. Achtung vor allem beim Abstieg.

Eine Wanderung, die aus Gemona vier Stunden dauern würde, mit dem Auto können wir uns jedoch den Weg fast um die Hälfte verkürzen.

▶ In dem Ort Gemona del Friuli (auf Deutsch Klemaun) suchen wird die Strada de Foredor. Diese Straße hat unzählige Kehren die so eng sind, dass Fahrzeuge über 4,5 m den Einschlag korrigieren müssen. Bis 600 m geht es einfach. Dort ist auch die erste Möglichkeit

(Wegweiser für Sella de Foredor, links) unser Auto stehen zu lassen. Bis zum Sattel brauchen wir eine Stunde und 15 Minuten. Wenn wir mit dem Auto weiterfahren, dann erreichen wir einen **Parkplatz 01**, nach dem wir an den Wochenendhäusern vorbei sind. Hier sind wir 980 m hoch und bis zum Sattel Foredor brauchen wir nur 20 Minuten (vorbei am Bauernhof). Von diesem Bauernhof führt der Weg etwas südlicher auf den Kamm und wir müssen etwa 2 Minuten

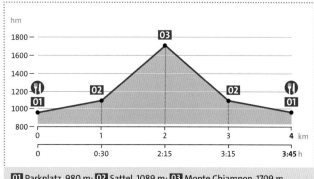

01 Parkplatz, 980 m; 02 Sattel, 1089 m; 03 Monte Chiampon, 1709 m

Sella Foredor

in Richtung Norden absteigen, bis wir auf den eigentlichen **Sattel** 02 kommen. Dort stehen die Wegweiser für Monte Chiampon (Friaulisch heißt er M. Cjampon und auf Slowenisch Veliki Karman), die

Zeiten variieren von 1:30 Std. bis 1:50 Std. Die längere Zeit ist zur Orientierung besser. Wir steigen auf den Südhang, der bald zu einem Kamm und an der Schlüsselstelle zu einem Grat wird. Diese

Karnische Alpen

Stelle trägt den sympathischen Namen Passo di Signorina, beginnt bei einem eisernen Kreuz und endet oberhalb der Gedächtnistafel für die Frauen, die im Februar 1985 hier verunglückt sind. Oberhalb dieser Passage wird der Weg wieder einfacher und wir steigen auf einem grünen Kamm bis zum **Monte Chiampon** 03. Oben findet man eine schöne Glocke (etwas kleiner als auf dem Montasch), ein rotes Kreuz und ein Gipfelbuch. Auf dem Gipfel treffen noch zwei Wege zusammen: Vom Norden aus dem Ort Venzone (Peuscheldorf) und der Kammweg vom Osten. Vor allem bei Nebel müssen wir aufpassen, dass wir den richtigen (gleichen) Abstieg wählen. Die Sichtbedingungen sind im Herbst oder nach einem Gewitter im Sommer am besten. Wir sehen die Ebene und das breite Flussbett des Tilment-Flusses. Im Süden ist das Meer erkennbar, im Westen sehen wir die Vorgipfel der Dolomiten, im Norden sind hie und da einige Karnische Gipfel zu sehen. Im Norden sieht man den Musi-Kamm und oberhalb dieses Kamms können wir die Spitze vom Montasch erkennen. Der Abstieg erfolgt auf demselben Weg bis zum **Parkplatz** 01.

Wenn wir genug Zeit haben und auf leichtem Weg einen weiteren Gipfel besteigen möchten, dann können wir den M. Cuarnan (1375 m) im Süden des Sattels Sella Foredor besuchen. Nach nicht einmal einer Stunde leichten Aufstiegs im Wald und bei der Kapelle sind wir schon am Ziel.

Monte Chiampon

SÜDLICHER HANG DES MONTE CIMONE • 1250 m

Vorbei an unzähligen Bächen und Schluchten

 10 km 5:00 h 900 hm 900 hm 2801

START | Ort Patocco in Val Raccolana, 772 m
[GPS: UTM Zone 33 x: 373.368 m y: 5.140.422 m]
CHARAKTER | Eine mittelschwere Rundwanderung, bei der wir keinen Gipfel erklimmen, dafür aber viele Wassergräben überqueren und Naturwunder bewundern können.

Um diesen Weg nur einmal gehen zu müssen, ist es nützlich einen Fahrer zu engagieren, da wir ansonsten fast drei Stunden zurückwandern müssen. Der Fahrer kann auf der Pecolalm auf uns warten.

▶ Vom Ort Raccolana fahren wir ins Tal hinein. Nach 2 km kommen wir zu einer Straßenkreuzung für die Orte Patocco und Chiout Michel (gleich nach der Brücke). Noch 4 km Bergstraße mit vielen eckigen Kurven und wir sind am Ausgangspunkt angekommen. Großer **Parkplatz** unter der **Kirche 01**. Wir suchen den Weg Nr. 620, der uns in den Osten aufwärtsführt. Die Suche kann sehr mühsam werden. Am Anfang des Parkplatzes finden wir den Wegweiser für Altopiano del Montasio, 6 Std. Dann folgen wir den Wegweisern für Giro di Patoc und auf dem Scheitel biegen wir nach rechts auf einen Fahrweg (Giro di

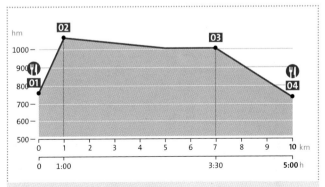

01 Patoc in Val Raccolana, 772 m; **02** Weg Nr. 621, 1097 m;
03 Wegkreuzung, 1005 m; **04** Chiout Cali

Gumpe

heißt Rio Sbrici, gleich folgt der zweite, der Rio Tosan. Im Sommer können wir in den Gumpen baden. Auf dieser Wanderung überqueren wir noch mindestens zehn Bäche. Manche haben gar keinen Namen und manchmal auch kein Wasser. Bei schönem Wetter ist dieser Wegabschnitt ein Traum. Der Weg Nr. 621 schwankt zwischen 1025 m und 1250 m Seehöhe, über uns Felswände, unter uns der Abgrund und wir bewegen uns ziemlich sicher auf einem Militärpfad. Hoch über uns in Richtung Norden befindet sich der Gipfel des Monte Cimone, auf der anderen Seite des Raccolanatals dominieren die Spitzen von Monte Sart und Monte Canin. Der Militärpfad ist an einigen Stellen schon so beschädigt, dass man die Hände benutzen muss, um sich sicher fortbewegen zu können. Es gibt umgestürzte Bäume, tief erodierte Gräben und Ähnliches. Nach zwei Stunden des märchenhaften Wanderns sind wir beim letzten Bach (Rio Pilz) angelangt.

Patoc biegt links abwärts). Nach einer Stunde kommen wir zum **Weg Nr. 621** 02 mit einer Holzbank zum Rasten.
Wir biegen **rechts** auf diesen Weg und wandern etwas bergab, nördlich in einen Graben hinein. Der erste Bach den wir überqueren

Dusche von oben

An Wasser wird es nicht mangeln

Patocco – Altopiano del Montasio

Immer auf dem Weg Nr. 621 bleiben und man kommt zur Pecolalm.

schwer zu entdecken, da die Schilder verbrannt sind. Auch der Weg nach Chiout Cali ist gesperrt. Leider gibt es oben kein Schild dazu, nur aus dem Tal kommend sieht man das Schild „inagibile – unbegehbar" ... Nach **Chiout Cali 04** kann man also nicht absteigen, es bleibt nur der Weg zurück.

Als Variante kann man auch weiter auf dem Weg 621 gehen (eine Weile zusammen mit 641, der auf den Gipfel des **Monte Cimone** führt), bis man die Pecolalm erreicht (6 Std. vom Ort Patocco).

Nach 200 m kommt die nächste **Wegkreuzung 03**. Diese Wegkreuzung ist seit dem Waldbrand

RIFUGIO ZACCHI • 1380 m

Tour für alle Jahreszeiten und für's Mountain Bike

 6 km 2:30 h 450 hm 450 hm 064

START | Lago di Fusine superiore
[GPS: UTM Zone 33 x: 397.960 m y: 5.147.447 m]
CHARAKTER | Leicht und schnell von den Seen unter die Gipfel

„Ich habe auch einen Happen verdient"

Eine leichte Wanderung zu einer Hütte mit herrlichem Ausblick auf nahe gelegene Berge und auf die Karnischen Alpen. Aufstieg ist auch mit Fahrrad möglich.

▶ Vom **Parkplatz** beim **Oberen Weißenfelser See** 01 finden wir den Weg Nr. 512 zur Zacchihütte. Ca. 1 km laufen wir auf der Straße lang, dann biegen wir links ab (nach Südosten) auf einen **breiten Pfad** 02, der uns gemütlich aufwärtsführt. Nach anderthalbstündigem Gehen im Zickzack erreichen wir die **Zacchiütte** 03 und das offene Land ermöglicht uns schöne Aussichten. Die Hütte ist

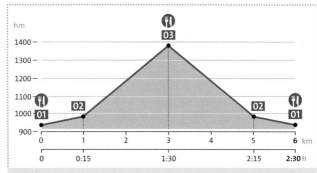

01 Parkplatz Oberer Weißenfelser See, 929 m; 02 breiter Pfad, 980 m;
03 Rifugio Zacchi Hütte, 1380 m

im Sommer durchwegs geöffnet, den Rest des Jahres an den Wochenenden, wenn die Schneelage ein sicheres Aufsteigen ermöglicht. Für Mountainbiker dürfte interessant sein, dass eine Schotterstraße zur Hütte führt. Vom Weißenfelser See aus sind es 6 km bis zur Hütte.

Von der Hütte führt ein schwieriger Weg zum Gipfel alle 3 Ponza, auf den Cima Strugova – Strug (2265 m), auf Veunza – Vevnica (2343 m) und schließlich kommt man auch in ca. sieben Stunden auf den Mangart (2679 m).

Auf Höhe der Zacchihütte führt der Weg Nr. 513 nach Süden. Auf diesem Weg können wir großräumig absteigen oder zum Biwak Nogara (1850 m, Wegnummer 517a) aufsteigen.

Hütte Zacchi, dahinter Ponza

Die Zacchihütte ist auch ein Ausgangspunkt für den extremen Aufstieg auf Veunza – Vevnica (Via della Vita)

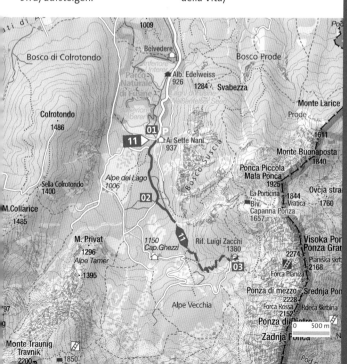

MONTE CANIN – KANIN • 2587 m

Mit Bergbahnen geht es schneller, aber nicht einfacher

 6,8 km 5:30 h 750 hm 750 hm 064

START | Bergstation der Sella-Nevea-Bahn oder die Gilbertihütte, 1850 m
[GPS: UTM Zone 33 x: 381.495 m y: 5.136.494 m]
CHARAKTER | Eine anspruchsvolle Wanderung trotz der Bergbahnen, die den Bergsteiger auf 1850 m (Italien) und auf 2200 m (Slowenien) bringen.

Ein Aufstieg, der wegen der Bergbahnen in relativ kurzer Zeit zu machen ist, aber keiner der vier Wege zum Gipfel kann als leicht eingestuft werden.

▶ Von der Bergstation der Sella-Nevea-Bahn oder von der **Gilbertihütte 01** (1850 m) wandern wir in Richtung Westen, Wegnummer 632. Zuerst steigen wir in 30 Minuten auf den **Sattel Bila Pec 02** (2005 m). Dort finden wir die Ruinen der Seilbahn aus dem Ersten Weltkrieg. Von hier weiter führt ein Fahrweg in Richtung Peravo-Sattel, wir können die Wanderung ohne An- und Abstiege genießen. Nach weniger als 30 Minuten biegt der **Weg links 03** zum Kanin hinauf. Wir laufen in Richtung Kanin-Gletscher, der kaum noch diesen Namen verdient. Die globale Erwärmung hat auch in diesem, mit „ewigem Eis" bedeckten, Gebiet Spuren hinterlassen. Vor 50 Jahren reichte der Schnee fast bis zum Weg 632/Bila Pec – Pera-

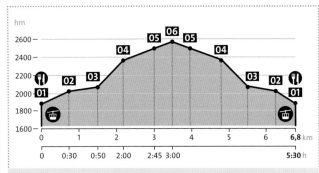

01 Gilbertihütte, 1850 m; **02** Sattel Bila Pec, 2005 m; **03** Weg links, 2070 m; **04** Klettersteig „Via Divisione Julia", 2350 m; **05** Hauptkamm, 2490 m; **06** Monte Canin – Kanin, 2587 m

vo-Sattel, jetzt müssen wir aber weit auf über 2200 m aufsteigen, um im August noch auf Schnee zu treffen. Den „Gletscher" queren wir in Richtung des Schnee-Couloirs (Findenegg-Rinne), das östlich vom Gipfel von einer Scharte hinuntersticht. Nach dem Queren des Gletschers stehen wir vor dem **Klettersteig „Via Divisione Julia"** **04** (ziemlich eiserner Weg). Der Weg ist dank des eingebohrten Eisens nicht zu verfehlen und erreicht den Hauptkamm links (östlich) vom Gipfel. Die Sicherheitsanlagen waren im Jahr 2016 in optimalem Zustand, allerdings können Schneelawinen jedes Jahr

einige Bolzen oder Seile lockern oder gar mit in die Tiefe reißen. Eine Stunde nach dem Ausstieg aus dem Gletscher erreichen wir den **Hauptkamm** **05**. Der Weg kann ihm nicht überall folgen, deshalb weicht er bei ausgesetzten Stellen auf die südliche slowenische Seite. Kurz vor dem Gipfel kehrt der Pfad wieder auf den Kamm zurück. Er wird immer leichter und aussichtsreicher. In wenigen Minuten treten wir auf den höchsten **Gipfel (Monte Canin)** **06** dieser Bergkette. Gratulation! Den Kanin kann man auch von slowenischer Seite aus erreichen, wenn kein Schnee liegt. Von der

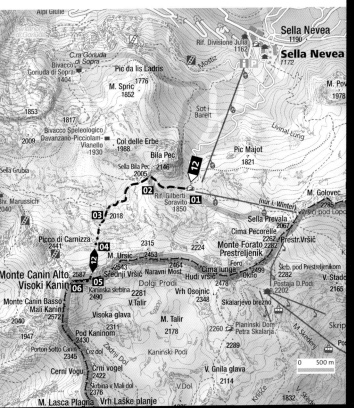

Monte Canin – linker Gipfel

Station D der Kaninbahn hat man auch drei Stunden zu gehen, es gibt zwei bis drei eiserne Einlagen auf dem Weg, die die Tour als mittelschwer einstufen lassen. Sehr ratsam ist dieser Pfad für den Abstieg, damit wir dem Klettern und Schnee auf italienischer Seite entgehen.

Waghalsige Kletterer können den Monte Canin auch vom Sella-Grubia-Sattel (2040 m) aus erstürmen. Hier gibt es aber keine Sicherheitsanlagen, nur reine Kletterei der Stufe II. Das einzige was uns trösten kann ist die Tatsache, dass der Weg markiert ist (5 Std. von der Gilbertihütte).

Auch der Südkamm des Monte Canin – Kanin ist markiert, aber ohne Sicherheitsanlagen. Das ist eben das Merkmal dieses Rundweges namens „Visoka Rosojanska pot", der im Resiatal startet und den Hauptkamm von Süden nach Westen „besteigt". Auch hier sind Schwierigkeiten der Stufe II zu meistern. Von der Station D über die Hütte Peter Skalar (2288 m) und den Monte Lasca Plagna – Vrh

Laške planje (2448 m) bis zum Kaningipfel sind es sicher fünf Stunden bei vorsichtigem Klettern. Wenn aber die Bergbahnen außer Betrieb sind, dann sind wir aufgeschmissen. Von Sella-Nevea-Sattel (1182 m) sind es mindestens sechs Stunden bis zum Monte Canin.

Noch schlimmer ist die Situation von Bovec aus (8 Std.). Man kann zwar oberhalb der Station B der Kaninbahn mit dem Auto an die Alm Krnica (1252 m) gelangen, aber das bedeutet nur 2:30 Std. Zeitersparnis.

Ein Pfad, der von Žaga (8 km südwestlich von Bovec) über die Almen Ognjenk und Baban (1400 m) zum Gipfel Med Baban (2030 m) führt, erreicht dort den schon erwähnten und markierten Rundweg „Visoka Rososjanska pot", der uns zum Monte Canin bringt. Dieser Pfad bewältigt sage und schreibe 2233 m Höhenunterschied ohne eine Verpflegungsstelle auf dem gesamten Verlauf. Es braucht allerdings schon eine große Portion Sondermotivation, um sich darauf einzulassen.

MONTE FORATO – PRESTRELJENIK • 2499 m

Zweithöchster Berg in dieser Bergkette – wegen des Fensters ganz attraktiv

 5,6 km 4:00 h 650 hm 650 hm 064

START | Bergstation der Sella-Nevea-Bahn oder Gilbertihütte, 1850 m
[GPS: UTM Zone 33 x: 381.495 m y: 5.136.494 m]
CHARAKTER | Eine leichte Wanderung, wenn man sich der Bergbahnen Sella Nevea (Italien) oder Bovec – Kanin (Slowenien) bedient.

Ein Aufstieg, der dank Bergbahnen als einfach und nicht anstrengend eingestuft werden kann

▶ Von der Bergstation der Sella-Nevea-Bahn oder von der **Gilbertihütte** 01 (1850 m) wandern wir in Richtung Osten, Wegnummer 636. Ein breites Tal, in dem im Winter Ski gefahren wird und das auch im Sommer lang mit Schnee bedeckt bleibt, ist unser erster Abschnitt. Der Anstieg ist mäßig steil und nur bei Nebel kann uns dieser breite Skihang Probleme bereiten. Der Tal endet auf einem engen **Sattel** 02 (Sella Prevala, 2067 m). Bis hierher dauert es eine Stunde. Wir treten auf die slowenische Seite. Die Markierungen wechseln auf rot-weiße Kreise. Wir steigen entlang den Markierungen,

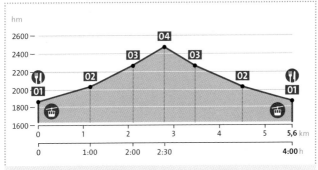

01 Gilbertihütte, 1850 m; 02 Sattel Prevala, 2067 m; 03 Sattel Škrbina pod Prestreljenikom, 2292 m; 04 Monte Forato – Prestreljenik, 2499 m

Auf dem Gipfel

die wegen der Skipiste zu selten sind, Richtung Norden auf den nächsten Sattel, genannt **Škrbina pod Prestreljenikom** 03 (2292 m). Diese Scharte erreicht man in einer Stunde auch von der Station D der Kaninbahn aus Bovec. Nun bleiben nur noch die letzten 30 Minuten zum Gipfel. Auf diesem Abschnitt gibt es einige Felsenschwellen, wo wir auch die Hände

benutzen müssen. **Monte Forato – Prestreljenik** 04 (2499 m) ist ein Randgipfel im Kaningebirge, deswegen ist die Aussicht besonders schön.

Der Name Forato bzw. Prestreljenik bedeutet etwas im Sinne von „durchbohrt, durchschossen ..." Auf der Westseite gibt es nämlich ein natürliches Fenster. Dieses Fenster ist von der slowenischen Seite aus locker erreichbar.

Von der Station D der Kaninbahn gehen wir in Richtung Kanin. Zuerst über einen kleinen Sattel in den Hang vom Veliki-Graben, auch Tiha dolina genannt. Von der rechten Seite kommt ein Schotterhang, auf diesem steigen wir etwas mühsam zum Fenster. Der Blick hindurch entdeckt die Südhänge der Montaschgruppe und die Südseite vom Wischberg. Der Aufstieg auf den Gipfel und zum Fenster kann nicht auf einem Rundweg gemacht werden, da der Westkamm vom Monte Forato – Prestreljenik eine ernste Klettertour der Schwierigkeitsstufe IV ist.

Das Fenster von slowenischer Seite – Zugang

Das Fenster von Monte Forato – Prestreljenik

Monte Forato – Prestreljenik

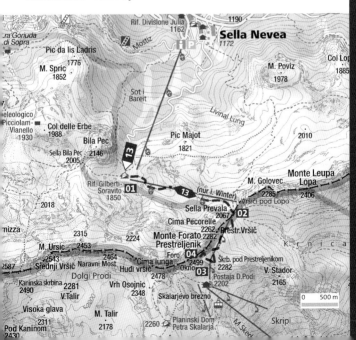

ROMBON • 2208 m

Kein Wasser und wenig Schatten

 9 km 9:00 h 1700 hm 1700 hm 064

START | Von Bovec fahren wir 4 km Richtung Predel. Bei der Flitscher Klause (trdnjava Kluže) parken wir.
[GPS: UTM Zone 33 x: 391.378 m y: 5.135.155 m]
CHARAKTER | Ein langer, aber technisch einfacher Aufstieg auf einen Berg, der viele Spuren des Ersten Weltkriegs zeigt – ein Berg mit unzähligen Stollen, an denen wir vorbeigehen, egal aus welcher Richtung.

Eine Wanderung, die uns neben der Schönheit des Gebiets auch die 100 Jahre alte Geschichte nahe bringt. Auf diesem Berg waren die Stellungen der K. u. K-Armee positioniert.

▶ Von Bovec aus fahren wir 4 km Richtung Predel. Bei der **Flitscher Klause (trdnjava Kluže)** 01 parken wir bei der Festung. Unser Weg fängt hier an. Tief unter uns sprudelt der Bach Koritnica.

Von der Fahrbahn der Brücke bis zum Wasserspiegel sind es mehr als 61 m Höhenunterschied. Das ist schon die Sehenswürdigkeit Nr. 1. Wir folgen den Wegweisern Richtung Rombon (5 Std.) und Na Robu, Stellung 1313. Gleich kommt ein Tunnel. Die Beleuchtung kann ausfallen, deswegen sollte man eine Lampe parat haben, damit man auch Spaß beim Marschieren durch den Tunnel hat. Der Militärweg macht eine große

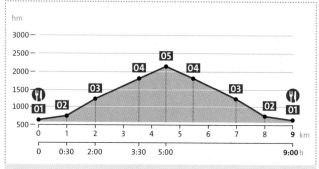

01 Flitscher Klause, 532 m; 02 Obere Festung, 670 m; 03 Aussichtspunkt, 1300 m; 04 Objekte, 1750 m; 05 Rombon, 2208 m

Hoch über dem Sočatal (Issnitz)

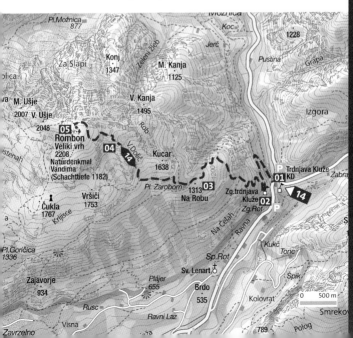

Unterkunft vor ca. 100 Jahren

Kehre nach links und in 20 bis 30 Minuten kommen wir zur **Oberen Festung** `02` (Fort Hermann Festung), die im 1. Weltkrieg zerstört wurde. Bei der Festung halten wir uns an den rechten Weg mit dem Wegweiser Richtung Rombon, 3:30 Std. Bei allen Abzweigen halten wir uns an die Richtung nach Na Robu und Punkt 1313. In zwei Stunden kommen wir zum **Aussichtspunkt** `03`. Weiter geht es in Richtung 1313 und hier genießen wir noch den letzten Sonnenschutz im bunten Wald. Bald kommen wir zur Kreuzung – Abzweig links 1313 und rechts Rombon. Unser Weg verliert sich oft im Gras. Achten wir auf die Markierungen, auf die roten Kreise mit dem weißen Kern. Aussichten faszinieren immer mehr. In wenige Minuten kommen wir auf einen Militärweg, der uns zu den Militärstellungen bringt. Durch das Labyrinth der **Objekte** `04` führen uns die sicheren Markierungen. Eine Weile folgen wir dem Militärweg, dann verlassen wir diesen und gehen etwas steiler auf den Grashängen (Achtung bei Nässe). Zuerst queren wir ein nicht ausgeprägtes Tal und schließen uns an den Weg nach Rombon aus Bovec (Za Vrzelno) an. Jetzt kommt die einzige Kletterstelle (5 m). Sie ist schwieriger beim Ab- als beim Aufstieg. Danach wird der Kamm immer breiter und bequemer. Wir erreichen den **Rombon** `05` in 15 Minuten vom Felssprung. Geschafft! Genug Wasser mitnehmen! Mindestens 2,5 l pro Person, es gibt keine Wasserquelle unterwegs.

Wir können auch nach Bovec absteigen. Auf diesem Weg können wir andere Kavernen besichtigen. Wegen der Besichtigungen wurde die angegebene Zeitspanne im Vergleich zu den Markierungen, denen Sie auf dem Weg begegnen, etwas ausgedehnt.

KRN • 2244 m

Schwer umkämpfter Gipfel

  18,4 km  10:30 h 1550 hm 1550 hm 2801

START | Lepena Tal – Hütte Klementa Juga, 700 m
[GPS: UTM Zone 33 x: 398.376 m y: 5.128.637 m]
CHARAKTER | Ein technisch einfacher, aber langer Aufstieg vom
Soča-Tal bis zum Gipfel. Es gibt zwei Möglichkeiten, auf dem Weg
zu übernachten: Hütte Koča pri Krnskih jezerih und Gomiščovo
zavetišče – eine Schutzhütte am Krn Gipfel auf 2182 m.

Ein langer Aufstieg auf einen Berg, der im I. Weltkrieg Geschichte geschrieben hat.

▶ Im Lepena-Tal können wir in der Nähe der **Hütte Klementa Juga 01** kostenlos parken. Unser Weg ist ein Militärweg aus dem 1. Weltkrieg, der uns in vielen Serpentinen und in angenehmem Schatten gemütlich in die Höhe bringt. Nach zwei Stunden kommen wir ins Flache. An einem Mast sind die Schneelagen aus der Vergangenheit markiert. Meistens werden die Höchstschneelagen im April gemessen. Wir staunen, wie großzügig die Natur manchmal mit dem Schnee ist oder war. Nach 30 Minuten erreichen wir die **Hütte Koča pri Krnskih jezerih 02** (1385 m). Wir befinden uns inmitten der Berge. Unser Ziel, der Gipfel Krn, ist noch nicht zu sehen. Bis zum **Krn-See 03** sind es 20 Minuten und wenn wir Rast am

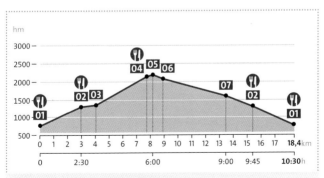

01 Hütte Klementa Juga, 700 m; **02** Hütte Koča pri Krnskih jezerih, 1385 m; **03** Krn-See, 1391 m; **04** Schutzhütte Gomiščovo zavetišče, 2182 m; **05** Krn, 2244 m; **06** Scharte Krnska škrbina, 2058 m; **07** Prehodci Sattel, 1639 m

Nordufer machen, dann sehen wir zum ersten Mal unser Ziel weit vor und über uns. Der Krn-See ist der größte Hochgebirgssee in den Julischen Alpen mit einer Breite von 150 m, einer Länge von 300 m und einer maximalen Tiefe von 17,6 m. Aus Umweltschutzgründen ist das Baden im See verboten. Im See leben kleine Fische, die jedem Wanderer, der seinen Fuß in das Wasser taucht, die Haut abknabbern. Müden Füßen tut das gut.

Vom See weiter werden wir unser Ziel mehr als drei Stunden vor Augen haben. Der Wald liegt hinter uns, die Aussicht ist weit und der Weg steigt wieder aufwärts. Wir gehen an einer verlassenen Alm vorbei. Nach einem kurzen Flachstück geht es wieder bergauf. Unser Ziel ist die Scharte Krnska škrbina (2058 m). Wir kommen in das stark umkämpfte Gebiet des 1. Weltkriegs. Den Gipfel Krn haben die Italiener schon 1915 an sich gerissen, aber die Front verlief auf der Scharte, der wir uns nähern. Der linke Berg Batognica war vor dem Ersten Weltkrieg um 8 m höher. Unterhalb der Gipfelfestung wurde ein Tunnel ausgegraben, voll mit Dynamit gestopft und die Felsen wurden in die Luft gesprengt. Diese Explosion war umso heftiger, weil auch die Munitionsvorräte, die in der Festung gelagert waren, explodierten. Der Berg Batognica setzte sich etwas ab. Für die Erforschung der Kavernen und unterirdischen Räume brauchen wir unbedingt Licht und zusätzliche Zeit.

Nach mehr als drei Stunden vom Krn-See erreichen wir die Scharte, von dort folgen wir dem Wegweiser zur **Gomiščkovo zavetišče-schutzhütte 04** unterhalb des Gipfels Krn. Dort lassen wir unser Gepäck und steigen in 15 Minuten

Von der Adriaküste …

auf den **Krn** `05`. Bei klarem Himmel ist die Aussicht einfach herrlich. Mehr als 2000 m unter uns fließt die Soča (Issnitz). Da der Gipfel so weit nach Süden ragt, können wir die gesamten Julischen Alpen bewundern. Im Westen sind die Dolomiten zu sehen. Bei klarer Sicht können wir die Marmolada mit dem Fernglas erkennen. Zur Adria sind es 60 km Luftlinie. Für den Rückweg schlage ich den Weg, der von der **Scharte Krnska škrbina** `06` Richtung Osten führt, vor. Die Wegweiser für Komna beachten! Nach Batognica wird unser Wanderweg zum Militärweg. Auf diesem haben die Einheiten der K. u. K.-Armee Nachschub und

Versorgung erhalten. Wir begegnen den Überresten vieler Bauten. Immer noch sind außerhalb des Weges Kriegsrelikte zu finden. Wir steigen langsam ab zum **Sattel Prehodci** `07` (1639 m, 3 Std. vom Krn). Von hier folgen wir dem Wegweiser zur **Hütte Koča pri Krnskih jezerih** `02`. In 45 Minuten erreichen wir die Hütte.
Von dieser bis zur Hütte **Klementa Juga** `01` im Lepenatal brauchen wir, wenn unsere Füße schon müde sind, fast zwei Stunden. Eine erlebnisreiche Tour, bei der wir manches noch abseits des Wanderweges erleben können, wenn wir in einer der Hütten am Weg übernachten.

Krn – Monte Nero – Schwarzer Berg

Ein markanter Berg der Julischen Alpen von der höchstgelegenen Alpenstraße in Slowenien

 3,5 km 3:30 h 650 hm 650 hm 064

START | Parkplatz auf 2055 m (Hütte Koča na Mangartskem sedlu, 1906 m)
[GPS: UTM Zone 33 x: 395.795 m y: 5.144.276 m]
CHARAKTER | Über schwierigem Aufstieg zum Gipfel und auf dem italienischen Weg (leichter) wieder zurück.

Für den slowenischen Klettersteig brauchen wir unbedingt einen Helm. Ein Sicherheitsgurt hilft uns auch, um sicherzugehen.

▶ Das ist die höchste Alpenstraße in Slowenien, eine Herausforderung für Motorradfahrer und Radfahrer. Mautstraße: 5 € / Pkw. Wir befinden uns bereits über 2000 m auf dem **Mangartsattel** **01**. Wir nehmen den Weg nach Osten und nach 30 Minuten befinden wir uns auf der **Kreuzung 02**. Der

linke Weg ist der italienische Weg und der rechte ist der slowenische Klettersteig. Im Frühsommer gibt es noch Schneereste auf dem italienischen Weg, dann ist der Klettersteig ein sichereres Unterfangen, da jeder Rutsch im Schnee 800 Höhenmeter tiefer enden kann. Halten wir uns am rechten Weg, dann bringt er uns in 5 Minuten zu den ersten Seilen und Bolzen. Eine steil aufsteigende Rinne durchquert die Ostwand vom Mangart – Monte Mangart. In die-

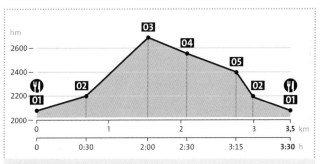

01 Mangartsattel, 2055 m; **02** Wegkreuzung, 2200 m; **03** Mangart, 2679 m; **04** Abstieg auf italienischem Weg, 2560 m; **05** Wegkreuzung, 2200 m

König der Umgebung – der Mangart

sem Graben sind die schwierigsten Stellen zu erklettern. Wenn wir aus dieser Rinne herauskommen, können wir tief Luft holen und immer schöner werdende Ausblicke genießen. Wenn wir genau schauen, finden wir noch eine kleine Wasserquelle. Der Weg ist immer noch steil, aber nicht mehr so exponiert wie in der Rinne. Mit jedem Schritt kommt mehr blauer Himmel über uns zum Vorschein. Gipfel – hurra!

Für den Abstieg vom **Mangart 03** nehmen wir den **italienischen Weg 04**. Er hat wenige Seile und dort macht uns nur der Schnee zu schaffen, falls wir leichte Sportschuhe tragen. Zuerst in Richtung Osten auf den Grenzkamm zwischen Slowenien und Italien. Dort achten wir auf den richtigen

Blick vom slowenischen Klettersteig – hinten reihen sich von links nach rechts: Monte Sart, Wischberg und Montasch

Gipfelkreuz vom Mangart – Monte Mangart

Weg 05 – er dreht nach Nordwesten, der rechte Weg führt zum Biwak Tarvisio und in das Koritnicatal. Wir steigen ab auf einer schrägen Felsplatte bis wir die **Wegkreuzung 02** mit dem slowenischen Klettersteig erreichen. Die letzten Minuten laufen wir auf dem Weg des Aufstiegs. Eine recht beliebte Tour mit vielen Bergwanderern an jedem Sommertag. Helm ist Pflicht.

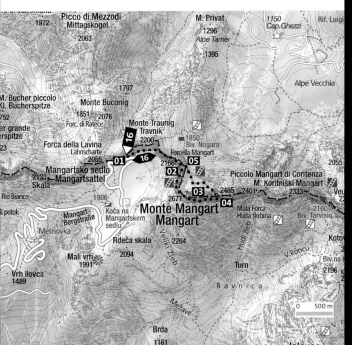

MONTE MATAIUR – MATAJUR • 1641 m

Voralpengipfel – nah zum Meer, nah zu den Hauptgipfeln

 4,5 km 2:00 h 350 hm 350 hm 2801

START | Rifugio Pelizzo 1325 m – 5 km von Montemaggiore
[GPS: UTM Zone 33 x: 387.351 m y: 5.117.626 m]
CHARAKTER | Eine leichte Rundwanderung auf einem Grenzberg mit zwei verschiedenen Seiten. Nördlich konstant fallend zum Nadiža-Fluss nach Slowenien; nach Süden reihen sich gefächerte Gräben und bilden eine mannigfaltige Gegend.

Bergbewohner

Eine leichte Rundwanderung auf den Voralpengipfel der Julischen Alpen.

▶ Wir starten vom Parkplatz unterhalb des **Rifugio Pelizzo** 01. Zuerst auf Treppen hinauf und dann auf den Weg Nr. 750. Auf ca. 1500 m wechseln wir zum **Weg Nr. 736** 02 auf den Monte Mataiur. Dem folgen wir zum **Gipfel** 03. Oben stehen eine Kapelle und ein Senderturm (1 Std.).
Abstieg: Wir folgen dem Schild Dom na Matajure (Richtung Südwesten). In 15 Minuten sind wir bei

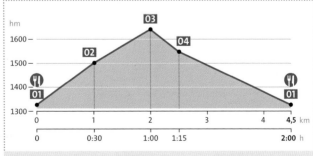

01 Rifugio Pelizzo, 1325 m; 02 Weg Nr. 736, 1500 m; 03 Monte Mataiur/Matajur, 1642 m; 04 Hütte, 1550 m

Blick nach Nordwesten zu den Dolomiten

dieser **Hütte** `04` (oft chiuso – geschlossen). Dann suchen wir den Weg nach Südosten 750a, steigen noch auf den Weg Nr. 736 um und so erreichen wir wieder das **Rifugio Pelizzo** `01`. Die Gegend ist kahl und die Ausblicke sind trotz relativ geringer Höhe sehr imposant. Wegen der Randstellung des Berges umfasst der Blick nach Norden und Osten alle wichtigsten Gipfeln der Julischen Alpen.

Zum Ausgangspunkt Montemaggiore kann man auch über Kobarid und Livek oder aus dem italienischen Cividale del Friuli gelangen. Die leichteste Wanderung auf einen Gipfel in diesem Führer.

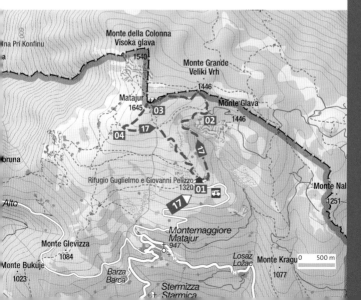

TOLMINKA-QUELLE – KRN SEE • 1391 m

Vom Bach zum See

  17,1 km  7:30 h 1450 hm 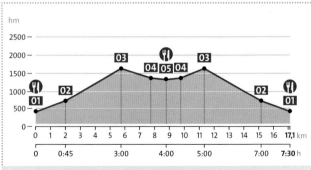 1450 hm 2801

START | Planina Polog (Alm), 457 m – 5 km von Zatolmin
[GPS: UTM Zone 33 x: 401.497 m y: 5.121.167 m]
CHARAKTER | Eine lange Wanderung abseits der frequentierten
Wanderwege. Am Krn-See liegt die Hütte.

Eine lange Wanderung ohne Gefahren bei schneefreien Wetterverhältnissen.

▶ Vom Ort Zatolmin (2 km von Tolmin) fahren wir in Richtung Javorca (Kapelle wurde 1916 erbaut) und Planina Podlog (Alm). Die Straße ist eng und unten ist die Tolminka-Schlucht. Dem Autofahrer wird einiges abverlangt. Die Abzweigung nach Javorca (links) lassen wir unbeachtet und fahren geradeaus. Am **Planina Polog (Alm) 01** ist eine Schranke und hier gibt es wenige Parkplätze. Von hier an zu Fuß weiter. Wegweiser für Prehodci bzw. Krnskojezero beachten. Der Karrenweg wird steil. Nach 45 Minuten vom Parkplatz erreichen wir die **Tolminka-Quelle 02**.
Es gibt auch einige Hirtenhütten; an ihnen wandern wir vorbei das Tal aufwärts. Es wechseln Waldpassagen und kahle Stellen. Immer klarer erkennen wir den militärischen Weg aus dem 1. Weltkrieg. Die Serpentinen werden immer zackiger und der rare Wald dieses Südhangs lässt einige Sonnenstrahlen durch. Wir gewinnen schnell an Höhe. Die letzten 30 Minuten sind etwas leichter.

01 Planina Polog (Alm), 457 m; **02** Tolminka-Quelle, 690 m; **03** Prehodci-Sattel, 1639 m; **04** Krn-See, 1391 m; **05** Koča pri Krnskih jezerih, 1385 m

Oslova škrbina
1825

Črna prst
1960

Lanževica
2003

Predolina
1922

Okroglica

V. Baba
2016

Vrh nad Grac
1916

Vrh Duplja
1481

Debeljak
1869

Planinski dom
pri Krnskih jezerih
1385

05

1919

V. Montura
1958

1803
Vratca
(Bogatinsko sedlo)

Boga
197

Skrbina
1753

04 Pl.Duplje

M. Montura
1599

18

· 1756

M. Napolju
1630

M. Smohor
1939

Doliči

Za Lepočami
1696

Mahavšček
2008

Konte

Predhodci
1639

03

V. Smohor
1944

Malen
1768

Smrečje

1841

Natminskem

2110
Vr.Peski

Pl.Na Zg.Prodih

Pl.Dobrenjs

nad Peski
2176

Prag
2068

M. Kuntar
1519

Pl.Podosojnico
695

Srednji vrh
2032

V. Kuntar
1712

Zelezje

M Peski

02

Škofič
2013

Vrh Lipnika
1688

18

Planina Leskovca

Rdeči rob
1912

Veliki Stador
1892

Vrh Slop
1827

Mali Stador
1731

Planina Polog

18 ▷

01

Visoč Vrh
1482

†

Planina Medrja

0   500 m

Pretovč
1124

Planina Pretovč

Krn-See im Herbst

Wir queren die Wand kurz vor dem Sattel Prehodci; der Weg ist aber breit und sicher.
Auf dem **Prehodci-Sattel** `03` schwebt der Blick nach Westen. Wir sind auf der höchsten Stelle angelangt. Unser Weg führt nach Nordwesten und wir steigen langsam ab. Nach 45 Minuten erreichen wir den **Krn-See** `04`. Der kleine Abstecher zum See lohnt sich sehr. Vom See bis zur **Hütte Koča pri Krnskih jezerih** `05` sind es nur noch 15 Minuten.
Der Rückweg verläuft auf demselben Weg.

Über der Tolminka-Quelle

PLANINA ZAPOTOK (ALM) • 1385 m

Romantische Alm

 7km 2:30 h 450 hm 450 hm 064

START | Von der Soča-Quelle fahren wir noch bis zur Straßenschranke (1,5 km) in das Tal Zadnja Trenta [GPS: UTM Zone 33 x: 400.701 m y: 5.139.782 m]
CHARAKTER | Eine schöne Familienwanderung zu einer schönen Alm – im Sommer bewirtschaftet.

Eine leichte Wanderung zu einer Alm mit herrlichen Ausblicken auf die umliegenden Berge.

▶ Von der Soča-Quelle fahren wir noch bis zur **Straßenschranke 01** (1,5 km). Von dort zu Fuß in Richtung Planina Zapotok und Bavški Grintavec. Unser Weg verläuft das trockene Bachbett entlang. Nach 30 Minuten steigt der Weg in den rechten Hang, links geht es zu den Wasserfällen. Am Ende des Tales sehen oder hören wir einen Wasserfall rauschen. Wir steigen in schönem Wald weiter in die Höhe. Es gibt eine paar Stel-

Bavški Grintavec von der Alm Zapotok

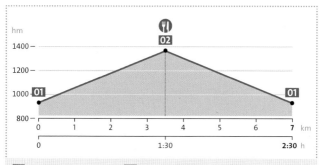

01 Straßenschranke, 962 m; 02 Alm Zapotok, 1385 m

len, die mit Seilen gesichert sind. Die Aussichten werden mit jedem Schritt schöner. Auf der Gegenseite können wir zwei markante Gipfel, Trentarski Pelc (2109 m, rechts) und Srebrnjak (2100 m) sehen. Vor uns protzt der König des Tales, Bavški Grintavec (2344 m). Nach eineinhalb Stunden kommen wir auf die **Alm Zapotok** 02. Das ist eine prachtvolle Gegend zu allen Jahreszeiten, besondere Farben sind im Herbst zu bewundern. Auf der Alm gibt es Trinkwasser und im Sommer auch Bewirtung. Für Fortgeschrittene gibt es eine Herausforderung – den Aufstieg auf den Bavški Grintavec. Ansonsten ist das eine Halbtagswanderung, die unsere Erwartungen erfüllen wird.

Julius Kugy – Entdecker der Julischen Alpen

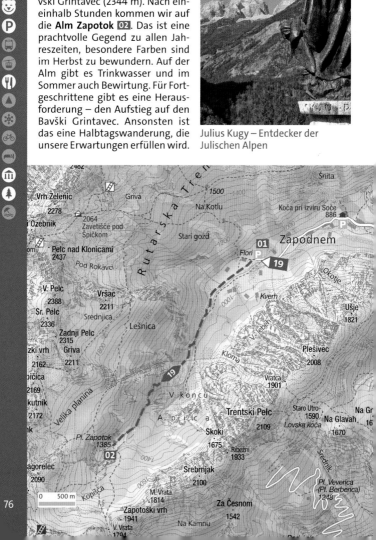

JALOVEC • 2645 m

Diamant in den Julischen Alpen

 14 km 10:00 h 1550 hm 1550 hm 064

START | Hütte Dom v Tamarju (1108 m)
[GPS: UTM Zone 33 x: 401.133 m y: 5.144.340 m]
CHARAKTER | Eine schwere und lange Bergtour, die viel Kondition verlangt.

Ein schwerer Aufstieg auf den Gipfel, der vom Norden wie ein geschliffener Diamant erscheint. Zum Startort muss man noch 45 Minuten hinzurechnen, da der nächstgelegene Parkplatz beim nordischen Skizentrum Planica liegt.

▶ Hinter der **Berghütte 01** findet man gleich zwei Wanderwegbeschilderungen. Die rechte Beschilderung weist nach Ponce, Mangart und Jalovec, und die linke Beschilderung weist nach Vršič,

Mojstrovka und Slemenova špica. Wir wählen den rechten Weg, am Denkmal für verstorbene Flieger der US-Bomber aus dem 2. Weltkrieg vorbei. Zuerst durch den Wald, der sich mit ansteigender Höhe immer mehr lichtet. Auf einer Höhe von 1550 m zweigt ein steiler **Weg nach Kotovo sedlo 02** ab. Wenn wir diesen Weg wählen, dann verschwinden Jalovec und Nordwand für eine Weile aus unserer Sicht, zeitlich profitieren wir nicht davon. Wir kommen aber am neuen Biwak (1965 m) vorbei,

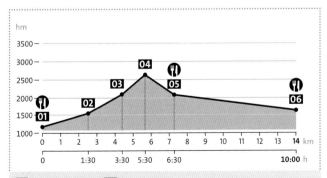

01 Berghütte, 1108 m; **02** Weg nach Kotovo sedlo (Biwak), 1550 m;
03 Sattel Kotovo sedlo, 2134 m; **04** Jalovec, 2645 m; **05** Schutzhütte
Zavetišče pod Špičkom, 2064 m; **06** Vršič Sattel, 1611 m

Blick von Tamar

welches immer geöffnet und mit vier Betten ausgestattet ist. Wenn wir der Rinne weiter bis 1900 m Seehöhe folgen, kommt an der Stelle noch eine Abzweigung nach rechts (Westen) Richtung Kotovo sedlo. Um uns herum liegen lauter Steine, Schutt und Felsen, und vor uns die Nordwand, die einem Diamanten ähnelt. Nach drei Stunden erreichen wir den **Sattel Kotovo sedlo 03** (2134 m). Auf den Sattel führt auch der Wanderweg aus dem Koritnicatal. Nun ist der Spaß vorbei. Tief Luft holen und den Nordwestkamm des Jalovec in Angriff nehmen. Sicherheitseinrichtungen sind rar, somit kommt der Sicherheitsgurt nicht zur vollen Geltung. Aber mit Vorsicht und Geduld schaffen wir es in zwei Stunden auf den Gipfel (seit Kotovo sedlo). Auf den letzten 5 Gehminuten sind schon viele Unfälle passiert, deswegen möchte ich noch einmal betonen, dass jeder falsche Schritt auf diesem Kamm (vor allem, wenn noch Schnee in den schattigen Stellen liegt) tödlich sein kann. Auf dem **Jalovec 04** lassen wir unser Herz jubeln. Aussichten nach Tamar und Koritnica

wie aus dem Flugzeug. Mit dem Fernglas können wir die Springer in Planica erkennen. Falls unser Wagen in Planica wartet, dann ist der einfachste Weg (einfach ist es nicht) zurück nach Kotovo sedlo. Angenommen Sie haben aber einen Fahrer im Tal, dann lassen Sie sich vom Vršič-Sattel mit dem Auto abholen. Der Weg vom Jalovec zur Schutzhütte **Zavetišče pod Špičkom 05** (2064 m) ist der einfachste Abstieg (2 Std.). Von dieser Unterkunft (bewirtet im Sommer bis Ende September) kommt man in 3:30 Std. zur Bergstraße nach **Vršič 06**.

Blick von Süden

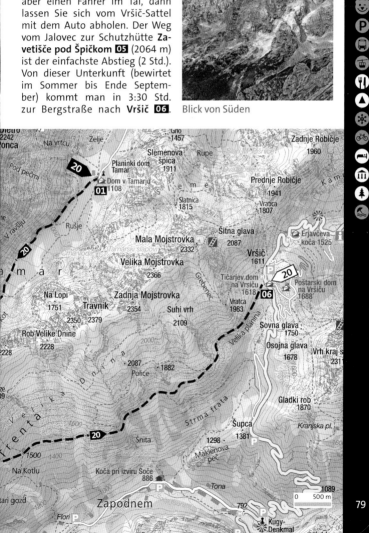

SLEMENOVA ŠPICA • 1911 m

Aussichtsturm über dem Tamar

 6,5 km 4:00 h 850 hm 850 hm 064

START | Hütte Dom v Tamarju (1108 m), 45 Minuten vom Parkplatz in Planica
[GPS: UTM Zone 33 x: 401.133 m y: 5.144.340 m]
CHARAKTER | Eine mittelschwere Bergtour, die an Ausblicken nicht zu überbieten ist. Zum Startort muss man noch 45 Minuten hinzurechnen, da der nächstgelegene Parkplatz (Parkgebühr 2,– € pro Tag, Stand 2015) etwa 3 km im Norden liegt, beim Nordischen Skizentrum Planica, berühmt durch die große Flugschanze. Diese Schanze ist auch im Sommer attraktiv, da man zu Fuß auf den Start steigen – ca. 200 m Höhenunterschied – oder die Schanze mit der Zipline durchfliegen kann.

Eine mittelschwere Wanderung auf den Gipfel, der vor allem bei Fotografen beliebt ist.

▶ Hinter der Berghütte **Dom v Tamarju** 01 findet man gleich zwei Wanderwegbeschilderungen. Die rechte Beschilderung weist nach Ponce, Mangart und Jalovec, und die linke Beschilderung weist uns nach Vršič, Mojstrovka und Slemenova špica. Zuerst durch den Wald, danach laufen wir auf einer verschütteten Ebene. Links können wir den Wasserfall Črna voda (schwarzes Wasser) bewundern.

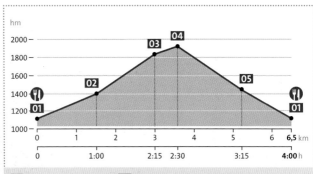

01 Dom v Tamarju, 1108 m; 02 Ausstieg aus der Schlucht, 1400 m;
03 Schneise Slatnica, 1815 m; 04 Slemenova špica, 1911 m; 05 Grlo-Joch, 1457 m

Wir laufen in eine dunkle Schlucht und in genau dieser Richtung können wir die Nordwand des Travnik sehen. In dieser Schlucht kann sich der Schnee lange halten, deswegen müssen wir achtsam sein auf die Stelle, wo unser Weg nach Osten biegt und uns **aus dieser Schlucht hinausführt** 02. Der Weg ist ziemlich steil und verläuft im Zickzack. Er führt an einer Wasserquelle vorbei, die mit Unterbrechungen Wasser fließen lässt. Im oberen Teil gibt es immer weniger Wald und nur noch vereinzelte Lärchen trotzen auf einer Höhe von 1700 m der wilden Witterung. Auf der **Schneise Slatnica** 03 (1815 m) erreichen wir eine Hochebene mit vielen großen Felsen

Nicht markanter Gipfel – Slemenova špica

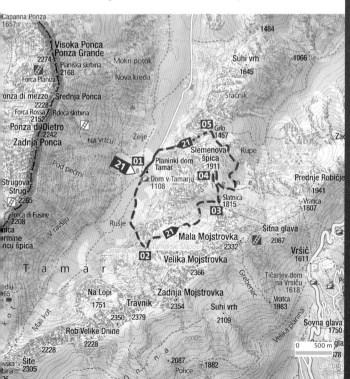

Aus der Schlucht

unter der Mojstrovka-Nordwand. Die letzen 10 Minuten zum Gipfel der Slemenova špica verläuft der Weg auf einem Grashang, auf dem sich oft die Schafe aufhalten. Wir passieren ein paar kleine Pfützen. Wenn wir die größte Pfütze (vielleicht schon ein Teich) vom Norden bewundern, können wir im Spiegelbild den Gipfel vom Jalovec erblicken. Dieses Motiv ist ganz berühmt für slowenische Bergkalender.

Der Gipfel von **Slemenova špica 04** hat einen flachen Osthang, in alle anderen Richtungen gibt es Abgründe. Achten Sie auf die Kinder!

Wir können auf dem gleichen Weg absteigen, den Weg zum Vršič-Sattel fortsetzen (1:30 Std.), oder durch das **Grlo-Joch 05** zur Berghütte **Dom v Tamarju 01** zurückkehren. Alle Varianten sind mittelschwer.

Berühmter Ausblick – Jalovec

Einsamer Stamm trotz der Witterung

BAVŠKI GRINTAVEC • 2347 m

Einsame Gegend mit prächtigem Gipfel

🎿 🧭 9,2 km ⏱ 9:00 h ↗ 1650 hm ↘ 1650 hm 📱 064

START | Bavšicatal – 8 km nördlich von Bovec
[GPS: UTM Zone 33 x: 394.552 m y: 5.136.023 m]
CHARAKTER | Ein langer und mittelschwerer Aufstieg in einer
einsamen Gegend und auf gleichem Weg wieder zurück.

Die Schwierigkeiten sind auf diesem Weg fast von Anfang an verstreut. Helm und Klettergurt empfehle ich für den letzten Abschnitt des Aufstieges von der Scharte Kanjski preval bis zum Gipfel.

▶▶ Von Bovec aus sind es 8 km bis zum Parkplatz in **Bavšica 01**. Der Parkplatz ist nicht sehr groß und das zeigt uns schon, dass wir auf diesem Weg keinem Massentourismus begegnen werden. Am Ende der Asphaltstraße ist unser erster Wegweiser: „Bavški Grintavec, 5 Stunden" und ein Dreieck mit dem Ausrufezeichen. Wir folgen der Schotterstraße noch einige 100 m bis zum Ende. Hier steht das Übungszentrum des slowenischen Alpenvereins. Diese Hütte ist kein öffentliches Objekt und sollte sie offen sein, können wir Wasser holen, aber keine Verpflegung bekommen. Unser Weg wird zum Pfad und dieser steigt in das rechte Tal, das sich gleich in eine Schlucht umwandelt. Der Aufstieg ist steil, es bleiben noch lange in den Sommer hinein Schneereste in der Schlucht liegen. Da der Weg wenig genutzt wird, gibt es buntes Gewächs. Lange Hosen sind von großem Vorteil, da wir ansonsten

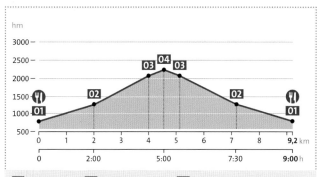

01 Bavšica, 715 m; **02** Jägerhütte, 1360 m; **03** Scharte Kanjski preval, 2030 m; **04** Bavški Grintavec, 2347 m

Bavški Grintavec von Rombon

mit Brennnesseln schmerzlich zu tun haben. Der Graben ist meist ohne Wasser. Wir steigen noch weitere eineinhalb Stunden, bis wir zur letzten Querung des Wassergrabens kommen. Von da weiter verläuft der Weg in Kehren und das tut gut.

In zwei Stunden erreichen wir eine **Jägerhütte** 02 auf der Alm Bukovec (1360 m). Die Alm ist verlassen, bei der Hütte gibt es einen Wasserhahn und das ist unser letztes Wasser auf dem Weg. Der Weg bringt uns über eine steile Wassermulde (schwierige Stelle) in Richtung Süden. Nach einer halben Stunde erreichen wir eine Wegkreuzung (1500 m) und wir halten uns an den linken Abzweig (nach Osten). Die Markierungen sind schlecht sichtbar.

Falls wir den rechten Weg verfolgen, kommen wir auch auf den Bavški Grintavec, aber dieser Weg ist schwarz einzustufen. Angenommen wir sind auf dem richtigen Weg, so queren wir die Geröllhänge und steigen auf eine

Bavški Grintavec – Dorf Soča

Einfachster Abstieg, wenn unsere Logistik im Tal stimmt.

Hochgebirgsebene. Das ganze Grün ist weg, es gibt nur noch Schotter, Felsen und Schnee. Vor uns sehen wir immer deutlicher die **Scharte Kanjski preval** 03 (2030 m). Von der Jägerhütte bis zur dieser Scharte sind es mehr als zwei Stunden mühsamen Aufstiegs. Von der Scharte folgen wir dem Nordkamm von Bavški Grintavec zum Gipfel.

Dieser Wegabschnitt wird mehr genutzt und auch die Sicherungsanlagen sind nicht mehr so sparsam gesetzt wie bis jetzt. Nach einer Stunde von der Scharte erreichen wir den **Gipfel** 04. Glückwunsch! Der Gipfel ist von keiner Seite leicht zu erklimmen.

Der einfachste Abstieg ist der in den Süden in das Dorf Soča (544m). Der Abstieg nach Zadnja Trenta ist schon kniffliger.

Wenn auf uns das Auto in **Bavšica** 01 wartet, dann haben wir keine Alternative. Auf diesem Weg erleben wir enorme Höhen-

Das Edelweiß liebt Einsamkeit

unterschiede, die zu bewältigen sind, wenn wir von Süden in die Julischen Alpen aufsteigen. Die Wanderwege im Raum Sočatal haben etwas Einzigartiges an sich. Auf diesem Aufstieg werden Sie das merken.

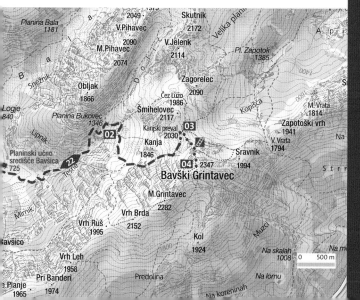

TRIGLAV-SEEN-TOUR • 2070 m

7-Seen-Tour

 22,5 km 10:00 h 1400 hm 1400 hm 064

START | Alm Blato, 1147 m – Mautstraße aus Stara Fužina in Bohinj
[GPS: UTM Zone 33 x: 411.360 m y: 5.129.265 m]
CHARAKTER | Eine Wanderung durch die lebendige Bergwelt. Viele
Almen, Hütten, Vieh und Seen machen unsere Entdeckung der
Triglav-Seen noch interessanter.

Eine leichte aber lange Wanderung vorbei an allen bekanntesten Wasserperlen der Julischen Alpen. Viele Übernachtungsmöglichkeiten auf dem Weg erleichtern uns die Etappenwahl und machen unsere Wanderpläne noch innovativer.

▶ In der Umgebung des Parkplatzes **Alm Blato 01** suchen wir nach dem Wanderweg nach Westen. Unser erstes Ziel ist die **Hütte Koča na Planini pri Jezeru 02** (1450 m). Bis dahin sind 1:30 Std. zu gehen.

Der Weg ist auch für Traktoren mit Allradantrieb möglich. Die Alm Jezero (See) ist eine lebendige Alm mit einer Berghütte. Weiter suchen wir den Wegweiser zur **Planina Viševnik 03** (1615 m, 1 Std.). Auch diese Alm ist im Sommer bewohnt. Wir biegen nach Süden in Richtung Črno jezeru ab (Schwarzer See). Der Weg fällt ab und nach einer Stunde erreichen wir den letzten der **Triglav-Seen (Schwarzer See) 04**. Da er sich mitten im Wald befindet ist seine

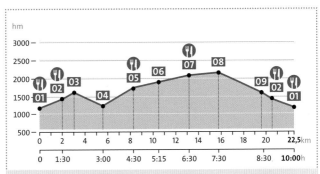

01 Alm Blato, 1147 m; **02** Hütte Koča Planini pri Jezeru, 1450 m; **03** Planina Viševnik, 1615 m; **04** Schwarzer See, 1294 m; **05** Hütte Koča pri Triglavskih Jezerih, 1685 m; **06** Ledvica-See, 1831 m; **07** Hütte Zasavska koča na Prehodavcih, 2071 m; **08** Sattel Vrata, 2194 m; **09** Alm Dedno Polje, 1550 m

Ein Teil des Doppelten Sees

Oberfläche ganz dunkel, deswegen der Name. Von dort folgen wir dem Wegweiser zur **Hütte koča pri Triglavskih Jezerih** `05`. Bei der Hütte finden wir den sogenannten „doppelten See". Die Hütte ist im Sommer stark frequentiert, daher ist eine Reservierung der Zimmer sehr ratsam. Vom doppelten See aus steigen wir aufwärts ins Tal der Sieben Seen. Bis zum nächsten **See Ledvica** `06` („die Niere", 1831 m) brauchen wir weniger als eine Stunde. Das ist der größte von allen Triglav-Seen.

In der nächsten Stunde werden wir noch den restlichen vier kleineren Triglav-Seen begegnen. Der letzte See Jezero pod Vršacem (2030 m) ist sehr klein und lange in den Sommer verschneit. Vom letzten See aus kehren wir um zur **Hütte Zasavska koča** `07` (2071 m). Der Weg führt zwar weiter, jedoch ist er als schwerer Klettersteig einzustufen, da er die Nordwand von Kanjavec überquert. Vom letzten See aus sind es nur 15 Min. bis zur Hütte Zasavska koča

na Prehodavcih. Auf diesem Weg erleben wir die weiche Welt der Almen von Bohinj, den Wasserreichtum des Siebenseen-Tales und die Steinwelt am Kanjavec. Falls das Auto auf uns auf der Alm Blato wartet, dann müssen wir zurückkehren, aber es gibt Varianten, damit wir neue Gegenden der Julischen Alpen entdecken. Zum Beispiel können wir von der Hütte Zasavska koča na Prehodavcih in Richtung Zelnarica laufen. Nach einer Stunde erreichen wir den Sattel **Vrata** `08` (2192 m). Dort steigen wir in das Tal Za Kopico ab – die Variante über den Bergkamm von Zelnarica und Tičarica ist anstrengender und länger. Der Weg vom Sattel Vrata zur **Alm Dedno Polje** `09` (1550 m, 1 Std. vom Sattel Vrata) ist ein ganz einsamer Weg, auf dem wir die Ruhe und Einsamkeit genießen können. Von dieser Alm zur **Hütte Koča Planina pri Jezeru** `02` (1450 m) ist es nur ein Katzensprung. Von dort erreichen wir den Parkplatz bei der **Alm Blato** `01` in einer Stunde.

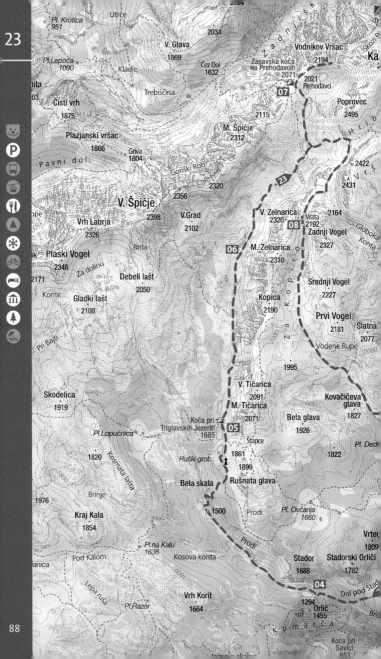

PLANINA PRI JEZERU-ALM • 1450 m

Gemütlich in die Welt der Almen

  12 km  5:00 h 900 hm ◥ 900 hm ▥ 064

START | Stara Fužina (540m)
[GPS: UTM Zone 33 x: 414.744 m y: 5.126.537 m]
CHARAKTER | Eine leichte Wanderung in die Welt der Almen
oberhalb des Bohinj-Sees.

Eine Wanderung von Stara Fužina über die Vogar-Alm zur Alm Planina pri Jezeru.

▶ Ein gebührenfreier Parkplatz ist im Sommer nur schwer zu finden. Außerhalb von **Stara Fužina** 01 gibt es einen gebührenpflichtigen Parkplatz vor der Schranke des Vojetals. Wenn wir dort parken, dann müssen wir ca. 1 km der Straße entlanggehen. Wenn wir im Ortszentrum starten, dann können wir dem Fluss Mostnica bis zur Teufelsbrücke folgen und dann nach Westen bergauf (Richtung Vogar) abbiegen. Der breite Weg steigt zuerst über Wiesen auf, danach kommen wir in den Wald. Auf diesem Weg wurden seinerzeit Schafe und Kühe auf die Almen von Bohinj getrie-

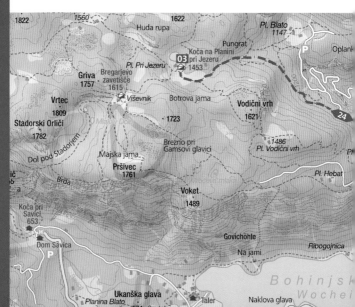

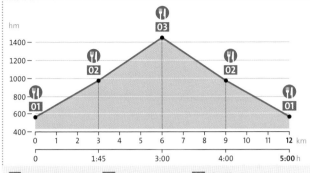

01 Stara Fužina, 540 m; **02** Vogar-Alm, 960 m; **03** Alm Planina pri Jezeru, 1450 m

ben. Der Hang ist steil, aber liegt in Schatten. In 1:30 Std. erreichen wir die **Vogar-Alm** **02**. Neben den Häusern für Hirten gibt es eine Berghütte, die für ihre gute Küche bekannt ist. Vielleicht finden wir schon hier so viele interessante Sachen, dass wir gar nicht weiter-

kommen. Reicht unsere Kondition und die Zeit passt auch, dann folgen wir den Wegweisern Richtung Planina pri Jezeru. Bei den letzten Hirtenhäusern gibt es auch einen Imbissladen, der heimische Spezialitäten und interessante Spirituosen verkauft.

Herbst auf der verlassenen Alm

Unser Weg steigt oberhalb der Straße in Richtung Nordwesten auf. Bei allen Kreuzungen folgen wir immer dem Weg zur Alm Planina pri jezeru. Nach weniger als zwei Stunden von der Vogar-Alm kommen wir auf die **Alm Planina pri Jezeru** 03. Unterhalb der Hütte liegt ein See, der das Panorama der Alm deutlich verschönert. Die Hütte ist im Sommer (bis Anfang Oktober) geöffnet. Hier wenden wir und steigen auf dem gleichen Weg zurück nach **Stara Fužina** 01 ab. Eine leichte Wanderung für alle Bohinj-Gäste. Auf dem Weg gibt es genug Verpflegungsmöglichkeiten. Eine schöne Aussicht auf die südliche Bohinj-Bergkette gibt es von der Vogar-Alm aus.

Planina pri Jezeru Alm

TRIGLAV • 2864 m

Der Höchste

  13,3 km  11:00 h 1850 hm 1850 hm 064

START | Aljažev dom-Hütte (1010 m)
[GPS: UTM Zone 33 x: 411.145 m y: 5.140.182 m]
CHARAKTER | Ein Aufstieg von der schwierigen Nordseite. Eine lange Tour, die viel Kondition verlangt und auch Kraft in den Armen voraussetzt.

Ein schwerer Aufstieg auf den höchsten Gipfel der Julischen Alpen.

▶ Bis zur **Aljažev dom-Hütte** 01 im Vratatal kommen wir aus Mojstrana mit dem Auto (zu Fuß 2:30 Std.). Etwa nach 10 Minuten Gehzeit kommen wir zum Denkmal für verunglückte Bergsteiger in der Triglav-Nordwand, zu einem großen Karabinerhaken, in dem wir schaukeln können. Nah hinter diesem Denkmal ist die **Abzweigung** 02. Wir wählen den Tominškova pot und halten uns links.

Geradeaus geht der Weg über Prag (Schwelle); diesen Weg werden wir beim Abstieg benutzen. Wir steigen steil bergauf in das Cmir-Massiv. In den Morgenstunden gibt es hier Schatten. Alle 100 Höhenmeter sind auf Steinen markiert, was uns mit Freude erfüllt, da sich die Hundertmeter-Marken rasch hintereinander reihen. Nach ca. zwei Stunden kommen wir auf einen Felsen und von dort können wir die Triglav-Nordwand bewundern („Mahlzeit"). Diese Wand ist über 1 km breit und an der höchsten Stelle 1500 m hoch.

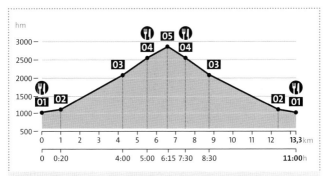

01 Aljažev dom-Hütte, 1010 m; 02 Abzweigung, 1100 m; 03 Wasserquelle Begunjski studenec, 2100 m; 04 Kredarica-Hütte, 2515 m; 05 Triglav, 2864 m

Triglav von Aljažev dom-Hütte

Wegen ihrer Breite sind sehr viele Kletterrichtungen in der Wand zu finden. Normale markierte Wege meiden die Wand. Am nächsten können wir die Wand erleben, wenn wir auf dem Bramberg-Weg – Plemenice gehen (klettern). Wir müssen im weiteren Wegverlauf einige lästige Gräben überqueren. Vorsicht im Schnee! Jeder Ausrutscher kann tödlich enden. Zwar sind alle schwierigen Stellen optimal gesichert, aber Vorsicht ist auf diesem Weg durchwegs geboten. Nach vier Stunden erreichen wir die **Wasserquelle Begunjski studenec** 03 auf ca. 2100 m. Die Umgebung der Quelle zeigt die ökologische Kultur der Bergwanderer, die hier vorbeigehen. Jedes Jahr wird in einer Sondersäuberungsaktion diese Gegend von Abfällen befreit. Von hier ist die Kredarica-Hütte nur noch eine gute Stunde entfernt. Die Umgebung ist nicht mehr steil, sondern wir bewegen uns in einer leicht ansteigenden Steinlandschaft.

Vor Sonne schützt uns kein Wald mehr. Im Nebel müssen wir genau auf die Markierungen achten und im Schnee die tiefsten Spuren wählen. Von der Aljažev dom-

Im Mai wehrt sich der König vor Andrang durch eine dicke Schneedecke

Hütte aus erreichen wir nach fünf Stunden die **Kredarica-Hütte 04**. Von hier können wir mit weniger Gepäck den Triglav erobern. An schönen Sommertagen pilgern große Menschenmassen auf den Gipfel (auch über 1000 am Tag). Das bedeutet, dass wir weit hinter dem Tempo, das die Wegweiser schildern, bleiben werden. Es gibt schwierige Passagen, bei denen man in der Schlange warten muss, bis die Gegenschlange vorbeigeklettert ist. Anstatt einer Stunde dauert es meistens zwei Stunden bis zum Gipfel. Die Sicherheitseinrichtungen sind auf

höchstem Niveau. Gefahren, die nach wie vor bestehen, sind Ausrutscher – durch zehntausende Bergwanderer geschliffene Felsen und vor allem bei Nässe sind alle Tritte äußerst sorgsam zu machen. Die nächste Gefahr kommt durch Steinschlag. Der Weg führt im Zickzack-Verlauf quer über die Ostwand und die höher wandernden Bergsteiger können aus Versehen Steine abrollen lassen. Auf Mali Triglav (Kleiner Triglav, 2770 m) gibt es viele Denkmäler für durch Blitzschlag verunglückte Bergsteiger. Zum Hauptgipfel müssen wir nur noch den schar-

Denkmal

fen Kamm bewältigen, der vor Jahrzehnten eine kritische Stelle darstellte. Heute sind alle gefährlichen Stellen bestens gesichert und wir können uns viel leichter als auf anderen Gipfeln der Julischen Alpen fortbewegen. Auf den letzten Metern wird die Aussicht immer schöner und der Blick reicht auch nach Westen. Wir stehen vor dem Aljaž-Turm (Aljažev stolp) und sind am **Triglav 05** an-

gelangt. Falls wir nicht zurück zur Kredarica-Hütte müssen, dann rate ich den Abstieg zur Dolič-Hütte (Tržaška koča na Doliču).

Dieser Weg ist am wenigsten begangen und Staus wegen zu viel Bergwandererverkehrs sind hier ganz selten. Ansonsten müssen wir den gleichen Weg nach Kredarica wählen und viel Geduld zeigen. Von der **Kredarica-Hütte 04** können wir dann über den Weg Čez Prag (Schwelle) absteigen zur **Aljažev dom-Hütte 01**.

Die Kredarica-Hütte kann mehr als 300 Bergsteiger aufnehmen aber trotzdem schlafen täglich manche auf den Bänken, Treppen und auf anderen harten Flächen. Rechtzeitige Reservierung ist wärmstens zu empfehlen.

Meiden Sie die Wochenenden, da kommen noch heimische Bergwanderer zu den Bergurlaubern aus dem Ausland dazu. Anfang Juli müssen wir noch mit vielen Schneefeldern rechnen. Am Triglav kann es in jedem Sommermonat so abkühlen, dass Schnee fällt, der sich auch einige Tage halten kann.

Von Süden

STENAR • 2501 m

Schlanker Nachbar vom Triglav

11,5 km   10:30 h   1800 hm   1800 hm   064

START | Ort Na Logu im Sočatal (622 m) oder für Allradfahrzeuge bis zur Schranke im Zadnjicatal (700 m)
[GPS: UTM Zone 33 x: 405.779 m y: 5.137.449 m]
CHARAKTER | Eine Wanderung, bei der wir auf einem breiten Militärweg wandern bis zur Pogačnikov dom-Hütte am unteren See Kriško jezero. Auch von dort aus ist der Weg nicht schwer, nur bei den letzten Passagen muss man sich ab und zu mit Händen weiterhelfen.

Eine mittelschwere Wanderung (bis zur Hütte leicht) auf einen Berg, der von der Westseite einen leichten Aufstieg bietet, im Osten und Norden ragen Wände empor (nur für Kletterer).

▶ Gleich beim Parkplatz im **Zadnjicatal** 01 finden wir den Wegweiser für „Pogačnikov dom 4 h". Wir betreten einen Militärweg

aus dem Ersten Weltkrieg, den die K. u. K.-Armee gebaut hat. Der Weg hat viele Kehren, keine steilen Abschnitte und ist meistens breit genug, dass wir den Blick auf die umliegenden Berge genießen können. An manchen Stellen ist der Weg beschädigt, aber das stellt für uns kein Problem dar. Es gibt auch zwei Wasserquellen auf dem Weg zur Hütte. Oberhalb

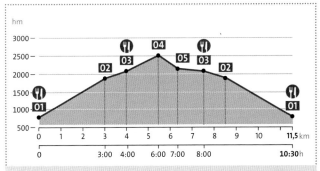

01 Zadnjicatal, 700 m; 02 Unterer See Kriško jezero, 1850 m;
03 Pogačnikov dom-Hütte, 2050 m; 04 Stenar, 2501 m; 05 Oberer See Kriško jezero, 2180 m

Stenar von Mojstrana aus gesehen

von 1200 m weicht der Wald dem Gebüsch und unser Ausblick wird immer großartiger. Der Bach verschwindet unter den Felsen.

Nach dreistündiger Gehzeit kommen wir zum **Unteren See Kriško jezero** 02. Diese Perle in den Kalkalpen ist eine Pause wert. Es ist einer von drei Hochgebirgsseen in dieser Gegend. Der Zugang zu diesem ist am einfachsten, die anderen beiden befinden sich tief in einer Mulde, der Obere See ist bis lange in den Sommer hinein mit Schnee zugedeckt. Das Entstehen dieser Seen ist eine geologische Besonderheit, da sich wasserundurchlässige Schichten in den Kalkalpen nur selten so ausrichten, dass sich Seen bilden können. Nach vier Stunden erreichen wir die **Pogačnikov dom-Hütte** 03. Wir befinden uns hoch in den Julischen Alpen. Rundherum stehen die imposanten Gipfel Wache.

Nach der Pause oder am nächsten Tag setzen wir unseren Aufstieg fort. Bei der Hütte folgen wir dem Wegweiser Richtung „Stenar 2 h". Unser Weg steigt zuerst auf den Sattel Dovška vrata (2180 m, 45 Min.).

Dort nehmen wir die linke Abzweigung (der rechte Weg führt in das Vratatal). Nach gut 30 Minuten erreichen wir den nächsten Sattel – Stenarska vratca (2295 m). Wegweiser und Aufschriften auf den Felsen zeigen uns den Weg auf den Gipfel. Vom **Stenar** 04 aus sehen wir die Triglav-Nordwand so deutlich wie nirgendwo anders. Mit dem Fernglas können wir die Details erkennen und auch Seilschaften ausmachen, die verschiedene Kletterwege bewältigen.

Auf dem Rückweg können wir einen Abstecher von Stenarska vratca (2295 m) über Križ (2410 m) an den **Oberen See Kriško jezero** 05 machen. Auf dem Weg werden wir beide Seen besichtigen können. Der Umweg beträgt nur eine halbe Stunde. Von der **Pogačnikov dom-Hütte** 03 aus kehren wir auf dem gleichen Weg zurück ins Tal.

Pogačnikov dom-Hütte

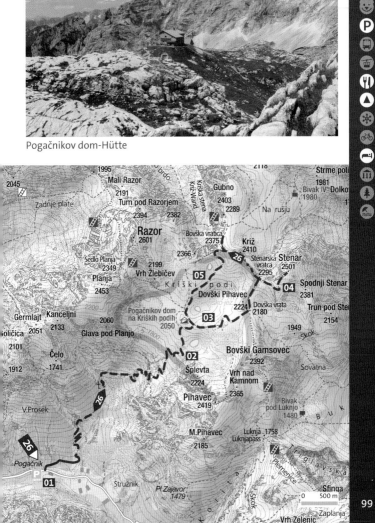

RJAVINA • 2532 m

Nördlicher Nachbar vom Triglav

 12,5 km 10:30 h 1600 hm 1600 hm 064

START | Zum Kottal kommen wir aus Mojstrana mit dem Auto
[GPS: UTM Zone 33 x: 415.332 m y: 5.140.940 m]
CHARAKTER | Ein Aufstieg auf den Rjavina aus dem Kottal. Eine
lange Tour, die viel Kondition verlangt und auch Kraft in den Händen voraussetzt, da der Aufstieg aus einem Karsttrichter namens
Pekel (Höhle) sehr schwer ist. Auch der Abstieg den Kamm entlang
bis zur Dom V. Staniča-Hütte (2332 m) ist nicht leicht.

Ein schwerer und langer Aufstieg
auf einen der herausragenden
Gipfel der Julischen Alpen

▶ Von Mojstrana bis zum Ende
des **Kottals** 01 sind es 7 km (Lengarjev rovt). Das Tal ist nicht leicht
zu finden, was auch sein Name
Kot (Ecke) besagt. Auf dem Sattel Kosmačev preval (847 m, 4 km
aus Mojstrana) müssen wir die
kleine Tafel mit der Aufschrift KOT
finden. Danach können wir die

Parkwiese am Ende des Tales nicht
mehr verfehlen. Viel bekannter
und leichter zu finden sind die
Täler Krma (Sommer- und Winteraufstiege zum Kredarica oder
Triglav) und Vrata. Im Sommer ist
der Andrang in diese Täler dementsprechend. Zuerst führt der
Weg flach hinaus, danach biegt er
in die linke Talseite und fängt an
steil zu werden. Nach einer guten
Stunde kommen wir an einer Wasserquelle vorbei. Früh im Sommer

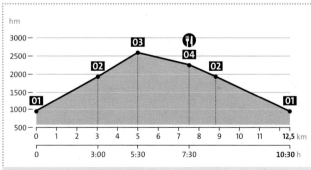

01 Kottal, 964 m; 02 Karsttrichter Pekel, 1950 m; 03 Rjavina, 2532 m;
04 Dom V. Staniča-Hütte, 2332 m

kann es hier noch Schneereste geben, aber die Querung ist nie problematisch. Das Tal wird beckenartig und wir steigen weiter auf. Vor uns steht der Felsen Debeli kamen (Dicker Stein) und das ist der Maßstab für die Entfernung bis zum **Karsttrichter Pekel 02** auf 1950 m. In dieser Mulde ist der Abzweig links nach Rjavina. Die Nordwand, die wir bis jetzt bewundert haben, werden wir jetzt bezwingen. 10 Minuten nach der Abzweigung fängt die Kletterei

Eine attraktive Variante

Staničev dom – Zgornja Vrbanova špica – Spodnja Vrbanova špica – Pekel – Kot

an und der Klettersteig verläuft bis in die Scharte westlich vom Gipfel aus. Die letzten 5 Minuten sind ein schöner Spaziergang mit weiten Ausblicken. Nach 5:30 Std.

Rjavina vom Osten

vom Parkplatz in Lengarjev rovt sind wir auf dem **Rjavina 03** angelangt. Vom Gipfel aus liegen die östlichen Julischen Alpen wie auf einem Teller ausgebreitet.

Es ist am besten, den Abstieg in Richtung Dom V. Staniča-Hütte zu machen. Der Weg ist ein bisschen leichter und dazu kommen wir zur Hütte, wo wir unsere Essens- und Wasservorräte ergänzen können. Bis zur **Dom V. Staniča-Hütte 04** brauchen wir zwei Stunden. Von der Hütte bis ins **Kottal 01** zum Auto brauchen wir noch drei Stun-

den. Diejenigen, die sich zwei Tage für diese Tour nehmen, können auch über den Klettersteig von Vrbanove špice ins Kottal absteigen. Der Klettersteig über Visoka Vrbanova Špica (2408 m) und den Kamm entlang zur Spodnja Vrbanova Špica (2299 m) und dann in den **Karsttrichter Pekel 02** ist genauso schwer wie der Aufstieg zum Rjavina.

Die Abstiegszeit wird um zwei Stunden verlängert, aber wir erleben etwas, was unsere Herzen noch lange warm hält.

Rjavina und der Nordkamm

KANJAVEC • 2568 m

Ein hoher Berg, der ganz einfach zu erobern ist –
ein perfekter Tourenskigipfel

 16 km 9:30 h 1900 hm 1900 hm 064

START | Na Logu im Sočatal (622 m) oder für Allradfahrzeuge die
Schranke im Zadnjicatal (700 m)
[GPS: UTM Zone 33 x: 405.779 m y: 5.137.449 m]
CHARAKTER | Eine Wanderung, bei der wir auf einem breiten
Militärweg bis zur Dolič-Hütte (2151 m) wandern. Danach bringt
uns ein normaler Pfad in eineinhalb Stunden zum Gipfel. Wir
überwinden eine enorme Höhendifferenz von fast 2000 m und
dementsprechend ist auch der Vegetationswechsel auf diesem
Weg sehr abwechslungsreich.

Eine leichte aber lange Wanderung auf einen Berg, der leicht
zu besteigen, für schöne Touren-
skirouten bekannt ist und als
Nachbar vom Triglav dem Wanderer einen schönen Ausblick beschert.

▶ Gleich bei dem Parkplatz (weiter ins Tal ist die Straße gesperrt)
im **Zadnjicatal 01** finden wir den
Wegweiser für „Dolič 4 h". Wir
gehen bis ans **Ende des Zadnjicatals 02** und dort biegen wir links
(rechter Weg führt nach Zasavska
koča, ca. 1 Std.) ab. Hier gibt es
das letzte Wasser auf dem Weg.
An dieser Stelle werden wir vielleicht auch einen Wegweiser für
„Komar" finden. Das ist der alter-

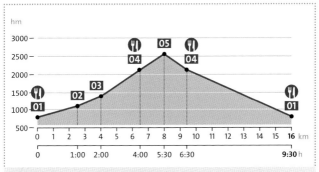

01 Zadnjicatal, 708 m; **02** Ende des Zadnjicatals, 1020 m; **03** Kreuzung
(Luknja und Dolič), 1450 m; **04** Dolič-Hütte, 2151 m; **05** Kanjavec, 2568 m

Kanjavec-Nordwand

native Weg nach Dolič, aber um einiges schwerer. Es handelt sich um einen Jägerpfad, der direkt auf die Dolič-Scharte führt und uns einiges an Klettern und Attraktionen bietet, jedoch ohne schöne Ausblicke, die wir auf dem Militärweg erleben.

Unser Weg (ein Militärweg aus dem Ersten Weltkrieg) verläuft in Kehren in Richtung Nordosten und Scharte Luknja (1759 m). Nach gut einer Stunde Wanderns von der letzten **Kreuzung 03** (auf 1450 m) biegt der Weg zur Dolič Hütte nach rechts. Dieser Abschnitt heißt Skok („Sprung"). Der Weg ist wirklich meisterhaft in die Felsen eingehauen. Wir bewegen uns am Rande des Abgrunds, jedoch gibt uns der mäßig steile Weg, der immerhin breit genug ist, die gewisse Sicherheit, dass wir ohne Angst weiter aufsteigen. Bald beginnt sich der Nadelwald zu lichten und die Ausblicke in den Westen werden immer großzügiger. Unter den Füßen

können wir die vielfältigste Flora bewundern. Auf dem Weg gibt es ausgezeichnete Rastplätze unter den Lärchen. Falls uns die Abenddämmerung nicht jagt, dann genießen wir diese Ausblicke. Nach vier Stunden gelangen wir zur **Dolič-Hütte 04** (2151 m). Das ist eine kleine Hütte, die so manches in der Geschichte erlebte. Die erste Hütte haben die Italiener nach dem Ersten Weltkrieg gebaut, als dieses Gebiet zu Italien gehörte. Im Jahre 1951 riss eine Lawine die Hütte auseinander. Im Jahre 1953 wurde eine neue Hütte gebaut und diese hielt den Wetterverhältnissen bis März 2008 stand. Nach einem extrem schneereichen Winter (auf dem Monte Canin fielen mehr als 9 m Schnee) kam eine Schneelawine vom Kanjavec und riss die Hütte um. Zurzeit ist sie wieder saniert und ein Zubau ermöglicht mehreren Bergwandern das Übernachten.

Von der Hütte folgen wir dem Wegweiser Richtung „Kanjavec

1:30 h". Sein Osthang ist mäßig steil und wir kommen gut voran. Es gibt eine kurze Stelle knapp vor dem Hauptkamm, wo uns Stahlbolzen als Hilfsmittel zur Verfügung stehen. Danach geht es nur noch wenige Minuten bis zum **Kanjavec 05** und wir können nur staunen, was für ein Ausblick sich hier ergibt. Südlich und östlich die Mondlandschaft von Hribarice (Tourenskipisten nach Velo Polje ins Tal der Triglav-Seen), im Westen können wir die oberen Triglav-Seen bewundern und im Norden gibt es eine 1500 m hohe Wand, die wir auf dem Weg nach Dolič gesehen haben.

Der Abstieg verläuft auf dem gleichem Weg. Wollen wir keinesfalls mehr auf dem gleichem Pfad ins Tal wandern, dann können wir vom Gipfel auch in zwei Stunden zur Zasavska-Hütte (2071 m) absteigen und von dort an zurück ins Zadnjicatal gehen. Tourenskifahrern ist die Route nach Velo Polje bekannt. Auf dem Weg des Aufstiegs gibt es keine Tourenskipisten.

ALM KRSTENICA • 1670 m

Eine leichte Wanderung zu einer der schönsten Almen in den Julischen Alpen

 9,4 km 5:15 h 1000 hm 1000 hm 064

START | Stara Fužina (560m) oder Planinska koča na Vojah-Hütte (690 m)
[GPS: UTM Zone 33 x: 413.869 m y: 5.128.966 m]
CHARAKTER | Eine Wanderung vom Vojetal zu der Alm mit 1000 m Höhenunterschied. Der Weg verläuft bis auf die letzten 5 Minuten im Wald.

Eine leichte Wanderung zu einer der schönsten Almen in den Julischen Alpen.

▶ Wenn Sie das Auto in Stara Fužina parken verlängert sich die Tour um 45 Minuten, aber es lohnt sich. Die Wunder der Natur in der Schlucht Mostnica sind atemberaubend. Zuerst die Teufelsbrücke (5 m lang und 30 m darunter fließt das Wasser), dann die sogenannten „korita" (Tröge) und als Tüpfelchen auf dem i, der Elefant (eine Schöpfung des Wassers und des Gesteins). Kurz vor der **Planinska koča Vojah-Hütte 01** achten wir auf ein Wegschild, das uns nach Westen weist (Alm Krstenica 2:30 Std.). Es beginnt ein Weg bergauf im Wald. Der Weg ist gut beschildert und auch leicht zu folgen bis zur einer **Einebnung 02** auf ca. 1400 m Höhe. Dort gibt es viele umgestürzte Bäume, außerdem überquert unseren markierten Weg ein nicht markierter Weg. Unser Weg verläuft nach wie vor

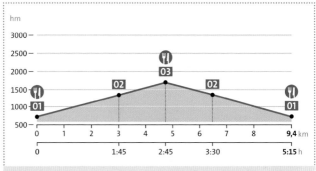

01 Planinska koča na Vojah-Hütte, 690 m; **02** Einebnung, 1400 m; **03** Alm Krstenica, 1670 m

Hindernisse auf dem Weg

Meist laufen wir im Wald

Richtung Westen/Nordwesten. Umso näher wir an die Alm kommen, umso flacher wird die Gegend. Zum Schluss treten wir aus dem Wald und müssen noch ein paar Meter absteigen, damit wir die bewirtete Hütte auf der **Alm Krstenica** 03 erreichen. Wir befinden uns auf weichen Wiesen, die grauen Felsen sind nur von Weitem zu sehen. In der bewirteten Almhütte bekommen Sie gutes Essen und Getränke. Abstieg auf dem gleichem Weg.

Alternative zum Abstieg ins Tal: Von der Krstenica-Alm zur Alm Blato (1088 m), Alm Vogar (960 m) und nach Stara Fužina (560 m). Der Weg zur Alm Blato (Übersetzung: „Schlamm") führt direkt nach Süden und ist markiert. Von der Alm Blato nach Vogar ist es am sichersten, die Straße zu benutzen. Die Suche nach dem etwas höher gelegen Wanderweg kann viel Zeit in Anspruch nehmen. Von der Krstenica-Alm zur Alm Zgornja Gritovica am Wasserfall Mostnica vorbei und der Straße entlang zur Planinska koča na Vojah-Hütte und nach Stara Fužina. Der Weg zur Alm Zgornja Grintovica ist nicht mehr markiert, man kann zwar noch alte Markierungen fin-

den, aber im Grunde muss man sich auf die eigene Orientierung verlassen. Wir steigen steil ab in Richtung Norden und erreichen die Alm Zgornja Grintovica, etwas später mündet unser Weg in die sogenannte „Triglav-Autobahn" – in einen sehr gängigen Weg vom Bohinjsko jezero (Wochainer See) zum Triglav. Rechts abwärts bis zum Wasserfall Mostnica und danach entlang der Straße zur **Planinska koca na Vojah-Hütte** 01 und schließlich nach Stara Fužina, unserem Ausgangspunkt.

Einsamer Kämpfer

ALM USKOVNICA – ALM ZAJAMNIKI • 1280 m

Von Alm zu Alm

 8 km 3:00 h 300 hm 300 hm 064

START | Alm Uskovnica, 1108 m (Schotterstraße von Srednja vas – 7 km)
[GPS: UTM Zone 33 x: 415.687 m y: 5.129.379 m]
CHARAKTER | Eine leichte Streckenwanderung von einer Alm zur nächsten.

Alm Zajamniki ist bekannt für die Anordnung der Hirtenhütten und deswegen verdient sie trotz niedriger Höhe in diesem Wanderführer zu erscheinen.

▶ Vor der **Alm Uskovnica** 01 parken wir unseren Wagen und wandern an der Berghütte vorbei in Richtung Rudno Polje – Pokljuka. 10 Minuten nach der Uskovnica-Hütte kommen wir zu einer Brücke, die wir überqueren. Danach folgt eine Steigung und wir erreichen eine **Straßenkreuzung** 02.

Bei dieser Straßenkreuzung achten wir auf die weitere Richtung. Nicht der erste Abzweig nach rechts, sondern der zweite ist der richtige. Schon einen Kilometer nach der Kreuzung erreichen wir die **Alm Praprotnica** 03 (1212 m). Ist das nicht der Fall, dann sind wir falsch abgebogen. Wir laufen noch weitere 30 Minuten in leichter Steigung und erreichen auf einer breiten Straße die obersten Hirtenhütten der **Alm Zajamniki** 04. Dort verlassen wir die Straße, die oberhalb der Alm in Richtung Po-

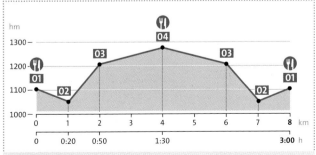

01 Alm Uskovnica, 1108 m; 02 Straßenkreuzung, 1050 m; 03 Alm Praprotnica, 1212 m; 04 Alm Zajamniki, 1280 m

Alm Zajamniki

kljuka – Siedlung Spodnji Goreljek führt. Die malerische Anordnung der Hütten auf dieser Alm ist etwas Einzigartiges. Sie sind aneinandergereiht wie Soldaten entlang des Pfades. Im Sommer ist die Alm bewirtschaftet und wir können auch Essen und Getränke kaufen. Der Blick umfängt die Bergkette südlich von Bohinj und der Ort lädt uns zur Rast auf weichen Gräsern ein. Der Fußweg (nicht markiert) fällt langsam von der Alm Zajamniki Richtung Osten ab und in 45 Minuten kann man die Ortschaft Spodnje Podjelje erreichen. Sollte uns jemand dort abholen, so konnten wir mit dieser kompletten Querung das Beste aus dieser Tour herausholen. Ansonsten kehren wir auf gleichem Weg zur **Uskovnica Alm 01** zurück.

Die Kapelle auf der Alm Uskovnica

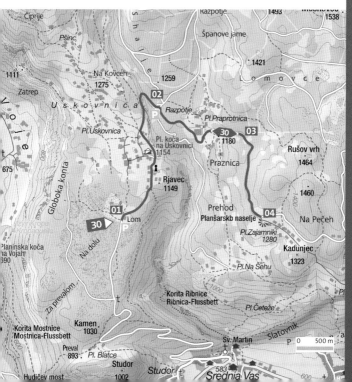

RODICA • 1966 m

Voralpengipfel – auch für Winteraufstiege geeignet

 14,8 km 7:00 h 1400 hm 1400 hm 2801

START | Ribčev Laz (625 m) am Wochainer See
[GPS: UTM Zone 33 x: 414.118 m y: 5.125.377 m]
CHARAKTER | Eine leichte Wanderung, die viel Ausdauer erfordert, auf einen Gipfel, der Tourenskifahrer auf den Geschmack bringt.

Probleme gibt es mit Parkmöglichkeiten in der Nähe. Deswegen rate ich, die Forststraße zu nehmen und dort zu parken. Fahren Sie 1 km östlich nach Boh–Bistrica, dort gibt es eine Rechtsabzweigung und hier fängt die Forststraße an. Wenn man sich rechts hält, dann kommt man nach 1 km zum Wanderweg nach Rodica, wo auch die Straße endet.

▶ Der Ausgangspunkt ist nicht schwer zu finden. Das **Hotel Jezero** 01 liegt an der Hauptstraße zum See.

Am **Ende der Forststraße** 02 vorbei und weiter entlang den Markierungen. Ein Wegweiser führt uns nach links in das Suha-Tal. Diesem Tal folgen wir bis zur Waldgrenze und der **Suha-Alm** 04 (1385 m). Man überquert auf dem Weg hierher einige Forststraßen. Auf der Suha-Alm (2 Std. von Ribčev Laz und 30 Minuten von der letzten Überquerung der **Forststraße** 03 auf ca. 1050 m) können wir rasten, meist gibt es aber keine Bewirtung, außer ein Hirte ist gut bei Laune und hat etwas anzubieten.

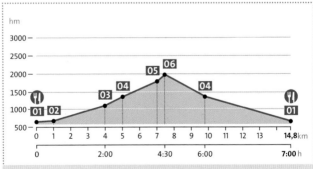

01 Hotel Jezero, 525 m; 02 Gratis Parken am Ende der Forststraße, 580 m;
03 Forststraße, 1050 m; 04 Suha-Alm, 1385 m; 05 Sattel Čez Suho, 1773 m; 06 Rodica, 1966 m

Blick Richtung Adria

Nun wartet auf uns eine Strecke mit besserer Aussicht. Zuerst geht es steil bergauf, bis wir das Becken Zadnja Suha erreichen. Danach geht es flacher zum Hauptkamm. Den erreichen wir auf dem **Sattel Čez Suho** `05` (1773 m). Nun biegt unser Weg auf dem Hauptkamm nach Osten (links) ab und in einer guten halben Stunde erreichen wir den Gipfel **Rodica** `06` (1966 m). Besonderheiten dieses Gipfels: Da der Gipfel nur 70 km Luftlinie entfernt von der Adria liegt, kann man bei einigermaßen schönem Wetter das Meer sehen. Meistens sind die Werft Monfalcone zu sehen (man kann dort die riesigen Schiffe beobachten), Grado und sogar Venedig.

Wir kehren auf demselben Weg zurück über den **Sattel Čez Suho** `05` (1773 m), die **Suha-Alm** `04` (1385 m) und einige Forststraßen zum **Hotel Jezero** `01`.

Man kann die Tour als Rundgang machen, indem man vom Gipfel nach Osten (Wegweiser „Črna

Sommer auf der Höhe

Blick nach Norden zum Triglav

Prst") bis zur Zorko-Jelinčič-Hütte (1840 m) geht (ca. 3 Std.), dort übernachtet, am nächten Tag hinunter nach Bohinjska Bistrica geht und mit dem Bus nach Ribčev Laz zurückkehrt. Die Wanderung zur Zorko-Jelinčič-Hütte ist an einer Stelle (ca. 30 Min. vor der Hütte) etwas schwierig. Über eine scharfe Kammpassage bringt uns das Seil sicher hinweg. Nicht geeignet für Wanderer mit Schwindelgefühl. Eine gute Wanderkarte ist Voraussetzung für diese Rundtour. Als Tagesausflug ist auch ein Rundgang über das Skigebiet Vogel möglich. Wir steigen auf dem Weg des Aufstiegs ab. Vom Sattel Čez Suho (1773 m) folgen wir den Schildern in Richtung Berg Vogel und in 1:30 Std. erreichen wir die Skilifte. Auf den Pisten laufen wir (wenn wir Glück haben, können wir auch mit dem Sessellift fahren) bis zur oberen Station der Kabinenbahn Vogel. Von der Talstation sind es nur noch 4 km bis zum Ausgangsort (Busverbindung nach Ribčev Laz jede Stunde).

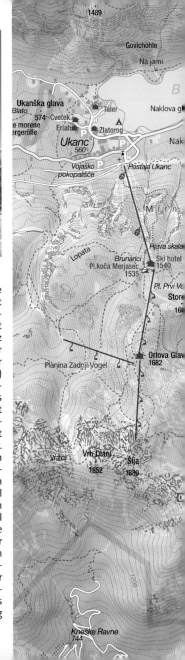

DEBELA PEČ • 2014 m

Eine leichte Wanderung auf den östlichsten
Zweitausender in den Julischen Alpen von Pokljuka

 14 km 7:00 h 750 hm 750 hm 2801

START | Šport-Hotel Pokljuka, 1250 m
[GPS: UTM Zone 33 x: 420.000 m y: 5.132.542 m]
CHARAKTER | Ein leichter Aufstieg auf den Randgipfel – östlichster
Zweitausender. Bei guten Sichtverhältnissen sind die Aussichten
bezaubernd.

Pokljuka ist eine Hochebene mit Langlaufpisten und familientauglichen Skipisten. Im Herbst wachsen viele Pilze in den Wäldern. Als Wandergebiet ist sie schon seit langer Zeit erschlossen. Eine der schönsten Touren ist hier beschrieben.

▶ Von Bled oder Bohinj aus führt eine Asphaltstraße auf die Hochebene Pokljuka. Wir fahren in Richtung **Šport-Hotel** 01 oder Rudno Polje. In der Nähe des Šport

Hotels suchen wir den Wegweiser für Planina Javornik und Lipanca (Rechtsabzweig). In 30–40 Minuten kommen wir zur **Alm Javornik** 02 (1290 m). Diese große und relativ ebene Alm ist im Winter ein Langlaufparadies. Wir queren die Alm und auf der anderen Seite finden wir wieder die Markierungen für Lipanca. Unser Weg überquert zweimal die Forststraße und steigt zum Schluss in eine rechts-links Kombination ein, auf der wir auf die Alm Lipanca kom-

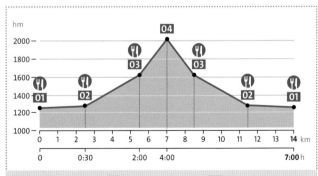

01 Šport-Hotel, 1250 m; 02 Alm Javornik, 1290 m; 03 Hütte Blejska koča, 1630 m; 04 Debela peč, 2014 m

Kovinarska koča
v. Krmi.
870

Stresenica

Tratne peči

Sinövec

Klečica
1889

Paradiž

1682

Klek

Pl. Klek

Debela peč
2014

04

Črteš

Pl. Mej

Okroglez
Brda
2008

Zmrzlica

1600

Lipanska vrata
1898

Spodnja Brda
1844

Kotel

1488

Lipanski vrh
1965

Pl. Lipanca

1486

1370

Za lesom

Blejska koča
na Lipanci
1633

03

Razor

1440

P

1319
Medvedova konta

1421

Jhtt.
1279

Pl.

pod Lipanco

Medvenovec

1

P

Za poljanico

02

Pl. Javornik
1292

Jerebikovec
1369

Lo

Petkovec
1362

32

Kružmanove konte

Lipenšči hrib

Žont

1350

1269

1270

1283

vdno polje
1341

1468

P

1451

01

P

32

ari lom

Mesnovec
1538

Šport Hotel

1293

1493

Razpotje

1435

Španove jame

1421

Gmajnica
1354

0   500 m

Lo m o v c e

Na mlakah

1342

zpotje

Javorov vrh

Alm Lipanca

men. Hier steht die **Hütte Blejska koča** 03 (1630 m) und sie ist immer geöffnet. Bis hier sind es zwei Stunden. Von hier an steigen wir in Richtung Debela peč weiter; zuerst im Lärchenwald, dann durch eine steile Schotterrinne auf eine Hochebene, wo der Abzweig für Krma steht. Wir suchen weiter die Markierungen für Debela peč und steigen in Richtung Norden auf. Nach eineinhalb Stunden (von der Alm Lipanca) kommen wir auf den

Kamm. Die Sicht reicht auch in den Westen und vor uns liegt nur noch ein angenehmer Aufstieg zum **Debela Peč** 04 (30 Min.). Hier stehen wir auf dem östlichsten Zweitausender der Julischen Alpen. Seine Höhe und die Randstellung ermöglichen eine gute Aussicht in alle Richtungen. Der grüne Teppich von Pokljuka liegt zu unseren Füßen, die südlichen Bohinj-Berge stehen dahinter. Im Westen dominieren der Triglav und die wilden Spitzen der Martuljek-Gruppe. Im Norden sind die Karawanken mit dem Hochstuhl (2236 m) und im Osten die Steiner Alpen zu sehen. Tief unter uns im Westen liegt das Krmatal.

Eine einfache Wanderung, die auch im Winter mit adäquater Ausrüstung machbar ist. Steigeisen und Eispickel verwenden, da der Rutsch ins Krmatal sehr schmerzlich sein kann. Wenn man sich auf den Forststraßen von Pokljuka gut auskennt und über ein Allradfahrzeug verfügt, dann kann man auch zu einem Parkplatz auf 1400 m gelangen; von dort ist es nur noch eine Dreiviertelstunde bis zur Alm Lipanca.

Bewachter Wegweiser

ŠPIK • 2472 m

Špik – ein Markenzeichen der Julischen Alpen

🕐 🧭 13,5 km ⏱ 9:00 h 📈 1400 hm 📉 1400 hm 📱 064

START | Kranjska Gora bzw. die Kehre Nr. 3 der Vršič-Straße (5 km von Kranjska Gora)
[GPS: UTM Zone 33 x: 405.872 m y: 5.144.136 m]
CHARAKTER | Ein relativ einfacher Anstieg auf einen der markantesten Gipfel der Julischen Alpen. Mit Triglav und Jalovec zählt Špik zu den drei markantesten Bergen. Eine lange Bergtour.

Eine mittelschwere Wanderung von der leichten Westseite auf den markanten Berg, der wegen seiner Nordwand schon in die Geschichte des Alpinismus eingegangen ist.

▶ Die Hütte Koča v Krnici erreichen wir von der **Kehre Nr. 3 01** der Vršič-Straße (30 Min.) oder von der Brücke über Velika Pišnica (2 km von Kranjska Gora, 1:30 Std.). Von der **Hütte Koča v Krnici 02** starten wir in Richtung Wegweiser „Špik 4 h" östlich in den Wald. Wir kom-

men an das Ufer eines Grabens namens Gruntovica. Die Mulde des Grabens ist im Sommer meist trocken. Unser Weg steigt in die Mulde ab und wir verfolgen diese über eine Stunde lang. Inzwischen hören wir das letzte Wasser auf dem Weg rauschen. Auf ca. 1400 m biegt der Weg scharf nach links und wir queren einen langen Schotterhang, der von Gamsova špica kommt. Danach kommen wir auf Gras und wir steigen auf mäßig steilem Weg auf den Vorgipfel Lipnica (2418 m). Einige Sei-

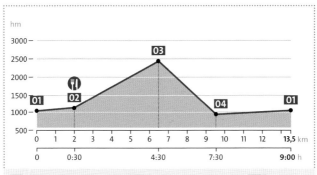

01 Kehre Nr. 3 (Auto), 1020 m; **02** Hütte Koča v Krnici, 1113 m; **03** Špik, 2472 m; **04** Krnicatal, 920 m

Špik von Norden

le und Bolzen „versüßen" uns den langen Anstieg. Danach müssen wir auf den Sattel zwischen Špik und Lipnica absteigen und der Schlussabschnitt führt über den zerschlagenen südlichen Felsen auf den **Špik 03**.

Ein malerischer Ausblick bietet sich. Im Norden sehen wir das Savatal mit seinen Orten. Dahinter erhebt sich die Karawankenkette und hinter dieser können wir auch Kärntner Seen erkennen. Die Julischen Giganten stehen um uns herum: Triglav, Škrlatica, Jalovec, Prisank, Razor und Rjavina.

Um den Abstieg interessanter zu machen, sollten wir durch den Kačji-Graben (Schlangengraben) absteigen. Vor allem wegen vieler Geröllhänge ist dieser Abstieg empfehlenswert. Es dauert lange 2:30 bis 3 Stunden bis wir im **Krnica-Tal 04** ankommen, jedoch ist dieser Weg leichter.

Von dort an sind es noch ca. 45 Minuten zur **Kehre Nr. 3 01**. Eine

schöne Tour auf den sehr bekannten Gipfel der Bergkette Martuljške Gore. Zugleich ist dieser Berg

der einzige, auf den ein markierter Weg führt. Wenn wir von Gozd Martuljek aus den Špik bewundern, erst dann werden wir erkennen, was für eine Leistung unser Aufstieg war.

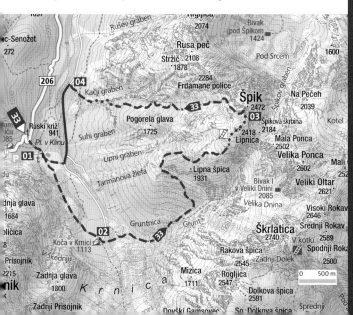

PRISOJNIK • 2547 m

Eine Tour die sehr viel verlangt, dafür aber sehr viel bietet

 9,5 km 9:00 h 850 hm 850 hm 064

START | Hütte Erjavčeva koča, 1525 m (12 km von Kranjska Gora)
[GPS: UTM Zone 33 x: 403.840 m y: 5.143.500 m]
CHARAKTER | Eine schwere Bergtour, die bezüglich verlangter Akrobatik und Kletterkunst nichts zu wünschen übrig lässt. Wir wechseln zweimal die Schatten- und Südseite von Prisank. Die Querung der beiden Prisank-Fenster (Vorderes und Hinteres) ist eine echte Herausforderung für manchen mutigen Bergsteiger.

Eine schwere Wanderung auf den markantesten Gipfel, betrachtet von Kranjska Gora – Crème de la Crème der Julischen Alpen.

▶ 1 km unter dem Vršič-Sattel parken wir unser Auto gebührenfrei bei der **Erjavčeva koča-Hütte 01**. Wir folgen den Markierungen Richtung „Prisank skozi okno" oder „Kopiščarjeva

pot" (4 Std.). Der Weg führt uns Richtung Süden, bis wir die **Nordwand 02** von Prisank erreichen (20 Min.). Klettergurt und Helm aufsetzen und ab in den Felsen. Es wechseln sich die Kletterabschnitte mit Wanderzwischeneinlagen ab. Die zweite Felswandsperre ist die entscheidende. Die Seile und Bolzen führen uns über ein Kamin, das zuerst überhängend ist. Spä-

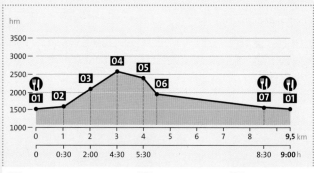

01 Erjavčeva koča-Hütte, 1525 m; **02** Nordwand, 1600 m; **03** Vorderes Fenster, 2150 m; **04** Prisank, 2547 m; **05** Hinteres Fenster, 2392 m; **06** Škrbina-Scharte, 1989 m; **07** Hütte Poštarski dom, 1690 m

ter ist das Klettern etwas leichter, aber zum Schluss kommt die enge Stelle, bei der unser Rucksack zum Hindernis wird. Hier ist Akrobatik angebracht. In der Wand hängend müssen wir den Rucksack abnehmen und ihn vor uns herschieben, bis wir aus dem engen Abschnitt herausen sind. Einzelgänger sind hier im Nachteil. An dieser Stelle kann der Vordermann allen Bergsteigern, die nach ihm in die Spal-

Toller Panoramablick

te kommen, entscheidende Hilfe leisten, indem er andere Rucksäcke zu sich aus der Enge zieht.

Die Schlüsselstelle liegt damit hinter uns, aber das Aufsteigen und Klettern sind noch lange nicht vorbei. Es kommen noch Abschnitte mit Seilen und Bolzen. Über uns bekommen wir immer deutlicher die Fensteröffnung zu sehen. Der Weg wird schlammig und oft kann man hier noch Schneeresten begegnen. Nachdem wir das **Fenster 03** durchwandert haben, gibt es noch ein Kletterzuckerl zu bezwingen.

Danach können wir die sonnige Seite von Trenta genießen und der Weg bringt uns in eineinhalb Stunden auf den Gipfel vom **Prisank 04** (2547 m, insgesamt 4:00 bis 4:30 Std. von der Hütte Erjavčeva koča). Aufatmen und den Ausblick genießen. Der Abstieg

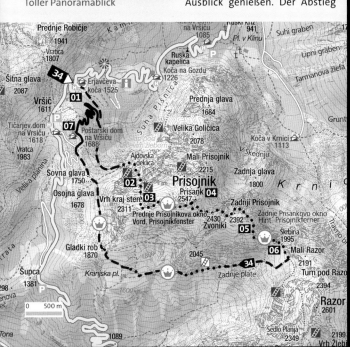

Ernste Stimmung

auf dem Jubiläumsweg durch das Hintere Fenster ist auch nur für fortgeschrittene Wanderer geeignet. Wir steigen wieder auf die Schattenseite vom Prisank ab und auf den oft engen Felsvorsprüngen erreichen wir das **Hintere Fenster** . Dieses ähnelt einer gotischen Kathedrale und der Boden ist lange in den Sommer hinein mit Schnee bedeckt. Auf der Südseite steigen wir mit Hilfe von Stahlbolzen und Seilen zur **Škrbina-Scharte** (1989 m) ab.

Kurz nach der Scharte erreichen wir eine Wegkreuzung. Vom Gipfel bis hier dauert es mit benötigter Vorsicht zwei Stunden. Rechts biegt unser Weg nach Vršič und geradeaus führt der Weg zur Hütte Pogačnikov dom.

Ab hier sind die technischen Schwierigkeiten vorbei und wir steigen auf dem Weg zurück nach Vršič. Zuerst treffen wir auf die **Hütte Poštarski dom** und von dort an steigen wir auf einem Fußweg zur Hütte Erjavčeva koča (1525 m). Von der Škrbina-Scharte bis Vršič sind noch fast drei Stunden zu gehen.

Insgesamt ist das eine anstrengende Tagestour, die wir nicht in Etappen teilen können.

VITRANC • 1555 m

Hausberg von Kranjska Gora

 7 km 4:20 h 750 hm 750 hm 61

START | Kranjska Gora
[GPS: UTM Zone 33 x: 406.576 m y: 5.148.573 m]
CHARAKTER | Bis 1100 m Seehöhe ist die Wanderung leicht, dann wird der Weg sehr steil.

Der Hausberg war einst mit dem Sessellift erreichbar, nun bleiben uns nur die Beine und Wanderstöcke. Es soll sich aber in den nächsten Jahren etwas ändern.

▶ Von **Kranjska Gora** 01 können wir zu Fuß zum **Jasna-Stausee** 02 starten. Beim Stausee gibt es einen kostenlosen Parkplatz (20 Min. Wanderzeit von Kranjska Gora). Gleich nach der Brücke finden wir den Wegweiser zur Mojca-Hütte, Vitranc und Ciprnik; das sind Gipfel im gleichen Bergmassiv. Unser Ziel ist die Mojca-Hütte und wir folgen dem Weg Nummer

20. Zuerst queren wir den Pišnica-Fluss auf einer Betonschwelle. Bei Hochwasser ist dieser Zugang nicht möglich und wir müssen schon vor dem Stausee den Weg Nr. 20 finden. Gleich danach kommt ein Abzweig nach rechts hinauf Richtung Vitranc. Diese Stelle ist ein bisschen schlecht markiert, deswegen ist Vorsicht geboten. Falls wir bis zum Fluss Mala Pišnica absteigen, sind wir falsch. Unser Weg steigt in schönen Kehren auf und ab und wir ahnen schon die baldige Aussicht, die immer mehr verspricht. Der Weg biegt um den bewaldeten

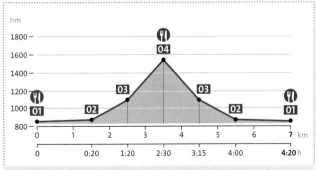

01 Kranjska Gora, 810 m; 02 Jasna-Stausee, 830 m; 03 Wegkreuzung, 1100 m; 04 Mojca Hütte, 1555 m

Märchenhütte Mojca

Kamm und wir blicken von oben auf den Ort Kranjska Gora. Nach einer Stunde kommt die **Wegkreuzung** 03. Geradeaus geht es zur Bedanec-Hütte (auch mit dem Sessellift aus Kranjska Gora erreichbar), unser Weg steigt aber steil nach links. Die schönen Kehren sind Vergangenheit. Man muss sicheren Schritt und Tritt haben, vor allem bei feuchtem Untergrund. Wir steigen direkt in einen Hang, der zwischen Wandfelsen hinaufführt. Bis wir 1300 m erreichen geht es erbarmungslos bergauf. Diese 45 Minuten sind mühsam.

Danach wird der Kamm von Vitranc mäßiger und ab hier ist es ein angenehmer Spaziergang bis zur **Mojca-Hütte** 04. In zweieinhalb Stunden von Kranjska Gora aus gerechnet erreichen wir die Hütte. Es handelt sich um eine kleine Märchenhütte, die im Sommer durchgehend bis Oktober offen ist. Eine Übernachtung ist nicht möglich, dafür gibt es aber Spirituosen aus verschiedenen Bergpflanzen und gutes Essen. Etwa 50 m östlich liegt der Aussichtspunkt. Im Süden präsentieren sich die mächtigen Gipfel der Julischen Alpen. Vom Jalovec im Westen (2646 m) bis Kukova špica (2414 m) im Osten reicht der herrliche Blick. Die Hauptgiganten, die mit allen Details in den Nordwänden sichtbar sind, sind sicher Prisank und Razor. Das Hintere Prisojnik-Fenster war schon vom Jasna-Staudamm aus gut zu sehen. Falls wir noch mehr herrliche Ausblicke erleben möchten, dann können wir bis Ciprnik wandern (1740 m). Von dort sieht man die Sprungschanzen in Planica aus der Vogelperspektive.

Absteigen können wir auf dem gleichen Weg. Es gibt aber noch die Möglichkeit, dass wir direkt zur Bedanec-Hütte absteigen und von dort mit dem Sessellift nach Kranjska Gora fahren. Dann sparen wir uns eine Dreiviertelstunde Wanderzeit und schonen unsere Knie.

Am Anfang ist Vorsicht geboten

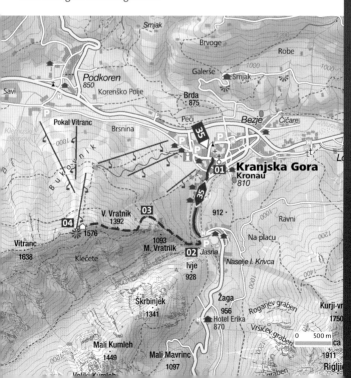

BIWAK UNTER DEM ŠPIK • 1424 m

Unter der 1000-m-Nordwand des Špik

  6 km 3:30 h 700 hm 700 hm 🗺 61

START | Gozd Martuljek, 750 m
[GPS: UTM Zone 33 x: 410.716 m y: 5.148.297 m]
CHARAKTER | Eine relativ einfache Wanderung in die Welt der Berge von Martuljek. Wir laufen an einem Wasserfall vorbei und die Tour hat als Ziel die Besichtigung der Nordwand des Špik.

Holzhütte Biwak pod Špikom

▶▶ In der Nähe der Savabrücke in **Gozd Martuljek 01** suchen wir den Weg zum **Wasserfall 02**. Das ist unser erstes Ziel (30 Min.). Oberhalb des Wasserfalls halten wir uns rechts und achten auf die Wegweiser „Pod Špikom". Wir steigen ununterbrochen Richtung Süden. Im steilsten Bereich tröstet uns eine Wasserquelle und nach zwei Stunden erreichen wir die Wiese mit einem herrlichen Ausblick. Das **Biwak 03** befindet sich auf der rechten Wiesenseite.
Wir stehen nun unter der 1000 m hohen Wand vom Špik und der

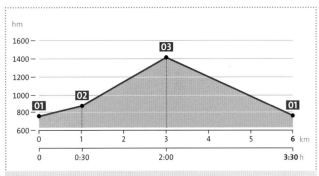

01 Gozd Martuljek, 750 m; **02** Wasserfall, 880 m; **03** Biwak unter dem Špik, 1424 m

Aus Tamar betrachtet kein markanter Gipfel

Platz lädt zum Rasten ein. Das Biwak ist für Kletterer gebaut worden. Nach langen Aufstiegen können sie dort übernachten und danach ins Tal wandern. Nach **Gozd Martuljek** 01 steigen wir auf demselben Weg ab. Herrliche Blicke auf die steinerne Wildnis im Süden und in krassem Gegensatz dazu die Karawanken im Norden.

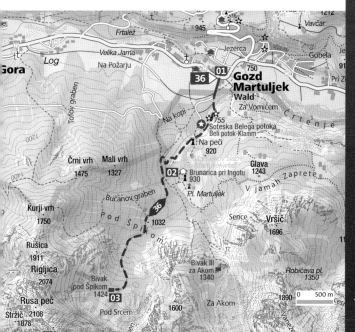

UM DEN SEE VON BLED • 501 m

Kein typischer Wanderweg, es gibt keine Markierungen

 5,5 km 2:30 h 50 hm 50 hm 064

START | Bled, Ortsmitte
[GPS: UTM Zone 33 x: 431.466 m y: 5.135.328 m]
CHARAKTER | Eine leichte Wanderung um den malerischen See, die gar keine Markierungen braucht. Wir halten uns an die Seeufer und wandern entgegen dem Uhrzeigersinn.

▶ Die Parkplätze in Bled sind meist kostenpflichtig, es sei denn, Sie sind Hotel-, Pensions- oder Campinggast dort. Am **Ostufer** 01 (unterhalb des Park-Hotels) beginnen wir unsere Rundwanderung. Wir wandern in Richtung Nordufer, zuerst am Badestrand von Bled vorbei. Danach befinden wir uns unter der Felswand, auf der oben die Burg steht. Nach 20 Minuten kommen wir im Ruderzentrum **Mala Zaka** 02 an. Weiter bringt uns der Uferweg nach **Zaka** 03, wo sich die Ziellinie der Ruderwettkämpfe befindet. Auch hier gibt es einen Badestrand, sogar gebührenfrei. Von Zaka müssen wir ein kurzes Stück auf der Straße wandern (ca. 200 m), danach kommen wir auf Treppen hinunter zum Seewasserspiegel und laufen auf dem Holzgitter über das Wasser. Nach 200 m sind wir wieder auf dem Festland angekommen und wir wandern an der ehemaligen Residenz des jugoslawischen Staatschefs Tito vorbei. Hier ist uns die Bled-Insel am nächsten. Weiter wandern wir zur Ortschaft **Mlino** 04. Hier befindet sich der Auslauf des Sees. Von Mlino führt uns der Weg in 30 Minuten wieder das Wasser entlang zum **Ostufer** 01. Damit haben wir die Seeschleife geschlossen. Verpflegung gibt es auf dieser Wanderung auf Schritt und Tritt.

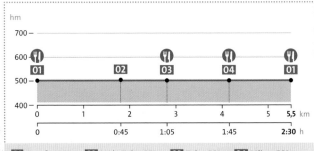

01 Ostufer, 501 m; 02 Mala Zaka, 501 m; 03 Zaka, 501 m; 04 Mlino, 501 m

Perle der Julischen Alpen

Der Bled-See ist ein Badesee. Wegen geringen Durchlaufs steigt die Wassertemperatur im Sommer bis auf 25 Grad.

38 WASSERFALL SAVICA • 770 m

Eine prächtige Sava-Quelle

 8,2 km 2:30 h 250 hm 250 hm 064

START | Ukanc, Westufer des Wochainer Sees
[GPS: UTM Zone 33 x: 409.812 m y: 5.125.601 m]
CHARAKTER | Eine leichte Wanderung, die vom See zur Quelle
führt und mit einem attraktiven Wasserfall endet.

Das ist eine interessante Wanderung vom Seeufer bis zum rauschenden Wasserfall. Im Sommer lädt uns der See nach der absolvierten Tour zum Baden ein.

▶ Wir suchen einen gebührenfreien Parkplatz oder kommen mit dem Bus nach **Ukanc** 01. Wir folgen der Straße über den Fluss bis zum Wasserkraftwerk. Von dort gibt es eine gute Beschilderung Richtung „Savica". Der Weg ist angenehm und nicht anstrengend. In 45 Minuten erreichen wir die **Koča pri Savici-Hütte** 02 auf 653 m. Die Hütte ist nur im Sommer bewirtet. 100 m weiter ist eine Wegkreuzung. Der linke

Wasserfall Savica

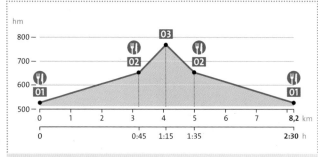

01 Ukanc, 525 m; 02 Koča pri Savici-Hütte, 653 m; 03 Wasserfall, 770 m

Weg führt nach Komna (2:30 Std.) und der rechte zur Kassa, wo wir für den Aufstieg zum Wasserfall 2,50 €/Person (Stand 2015) zahlen müssen. Im Spätherbst und im Winter ist diese Kassa nicht besetzt, dafür aber der Weg umständlicher und gefährlicher. Nach vielen Treppen erreichen wir ein Aussichtshaus (20 Min.) und uns zeigt sich der **Wasserfall 03**. Der Wind wirbelt die Wassertropfen im Becken herum. Ein Regenmantel ist von Vorteil, wenn wir ganz in die Nähe des Wasserfalls wollen. Im Becken und auf der anderen Flussseite können wir noch die Reste des Wasserkraftwerks sehen. Dieses wurde von der österreichischen Kaiserarmee in den Jahren 1915 bis 1916 erbaut. Mit der gewonnenen Energie wurde die Seilbahn auf Komna betrieben.

Rückkehr auf dem gleichen Weg. Wir können aber auch bei der Hütte in einen Shuttlebus steigen, der uns zurück nach **Ukanc 01** bringt.

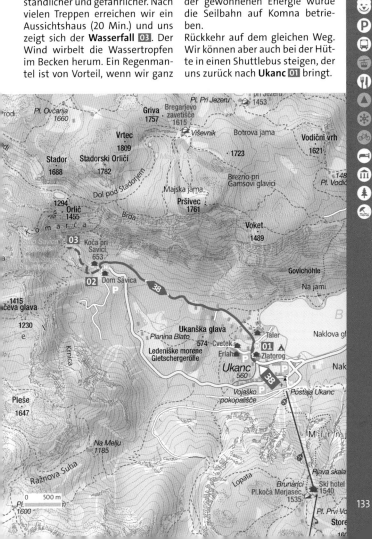

ČRNA PRST • 1844 m

Ein Berg und ein botanischer Garten zugleich

 9 km   5:30 h   1150 hm   1150 hm   2801

START | Ravne nad Bohinjsko Bistrico, 716 m (3 km von Bohinjska Bistrica)
[GPS: UTM Zone 33 x: 420.169 m y: 5.123.371 m]
CHARAKTER | Eine Wanderung in eine reiche Floragegend, wo Pflanzen wachsen, die nirgendwo sonst zu finden sind.

Eine lange Streckenwanderung auf einen Berg, der für seine reichhaltige Flora bekannt ist und durch seine Randstellung einen überwältigenden Ausblick beschert.

▶ In Bohinjska Bistrica suchen wir den Schild für „Soriška planina" und „Škofja Loka". Nach wenigen 100 m kommen wir an einen Rechtsabzweig für Ravne an. Hier biegen wir bergauf und fahren bis zur Ortschaft. Die Straße endet kurz vor der **Skipiste** **01**. Von hier zu Fuß über die Skipiste und dann auf dem Schotterweg bergauf

in den Wald. Unsere Wegweiser sind „Črna Prst" und „Planina za Liscem". Wir kommen an einem Haus vorbei, das vor Jahrzehnten noch eine Berghütte war, nun gehört sie einer Bank – kein öffentliches Objekt. Nur wenige Meter oberhalb dieses Gebäudes verlassen wir die Schotterstraße und nehmen einen breiten Pfad. Auf diesem überqueren wir mehrere schwellenartige Steigungen. Nach einer Stunde erreichen wir eine Forststraße, der wir ca. 500 m nach Westen (rechts) folgen. Erneut verlassen wir die bequeme Straße und begeben uns in den

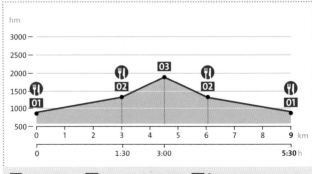

01 Skipiste, 716 m; **02** Alm Za Liscem, 1346 m; **03** Črna prst, 1844 m

Planina za Liscem, 1360 m

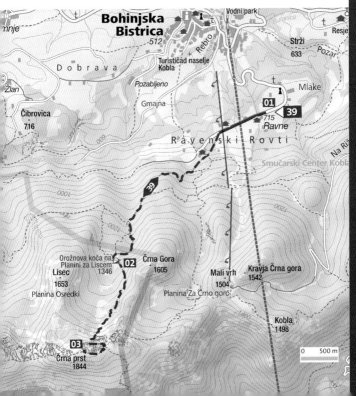

Črna prst vom Süden im Winter

steilen Pfad. Nach 1:30 Std. erreichen wir die **Alm Za Liscem** 02 (1346 m). Dort steht eine Berghütte. Von der Terrasse können wir den herrlichen Blick auf die zentralen Julischen Aplen genießen – allen voran sticht der Triglav ins Auge.

Ab der Hütte suchen wir den Wegweiser für „Črna prst" und folgen ihm nach Süden. Er wird immer steiler und in einer Entfernung von 30 Minuten von der Hütte kommen wir aus dem Wald heraus und sehen die Felsen des Hauptkamms in der Höhe. Der Weg windet sich um die riesigen Felsblöcke. Vor uns steht eine glatte Felswand, die wir nach links umgehen. Oberhalb dieses Felsens sind die technischen Probleme vorbei und wir erreichen den Sattel Suha (1760 m). Von hier ist es nur noch ein leichter Spaziergang zur Hütte (1835 m) und zum **Gipfel Črna prst** 03 (1844 m) neben der Hütte. Gehzeit insgesamt

drei Stunden vor Parkplatz bei der Skipiste. Der Name Črna prst (Schwarze Erde) kommt von dem schwarzen Schiefer, der kurz vor dem Gipfel aus dem Boden ragt.

Nach Süden sehen wir die Orte im Tal Baška grapa wie aus dem Flugzeug. In der Ferne erkennen wir die Berge an und vor der Adriaküste (Snežnik, 1796 m, und Učka, 1402 m), nach Westen und Nordwesten sehen wir die Julischen Alpen. Nach Norden liegt die Hochebene Pokljuka und dahinter erheben sich die Karavankengipfel. Nach Nordosten sehen wir die Miniaturkette der Steiner Alpen. Bei klarem Himmel sind die Werft in Monfalcone (Italien) und das Meer zu sehen. Mit gutem Fernglas kann man auch Venedig erkennen. Seit der Eröffnung der Berghütte auf der Alm Za Liscem vor einigen Jahren ist dieser Weg der beliebteste in der Region. Auch für die Rückkehr wählen wir den selben Weg.

ALTEMAVER (RATITOVEC) • 1678 m

Ein Voralpengipfel mit erstklassiger Aussicht

6,9 km   4:15 h   690 hm   690 hm   2801

START | Ort Prtovč, 1025 m
[GPS: UTM Zone 33 x: 431.559 m y: 5.119.782 m]
CHARAKTER | Eine Rundwanderung auf den aussichtsreichen
Voralpengipfel

Der Ausgangsort Prtovč ist weit weg von bekannten touristischen Zentren. Bohinjska Bistrica (30 km) ist noch am nächsten. Nach Kranjska Gora sind es schon 90 km. Jedoch macht diese Randstellung einen besonderen Eindruck auf die Wanderer.

▶ Der Ort **Prtovč** 01 liegt auf der Ostseite des Berges. Die beste Straßenverbindung ist von Kranj über Škofja Loka und Železniki. Außerhalb des Ortes Železniki in Richtung Sorica finden wir den Wegweiser für Prtovč. Noch 7 km Bergstraße und wir sind am Park-

platz bei der Kirche angelangt. Von dort starten wir unsere Tour. Zuerst suchen wir die Markierungen für „Ratitovec (čez Poden)" – bei der Kreuzung im Dorf halten wir uns an den linken Weg. Dieser **Poden** 02 ist ein in den Süden herausragender bewaldeter Grat des Ratitovec. Den erreichen wir in 45 Minuten. Gute Beschilderung leitet uns in Richtung Norden. Der Pfad wird immer steiler und auf dem letzten Abschnitt vor dem Bergkamm lichtet sich auch der Wald, somit können wir in die Weite blicken. Im Winter herrscht hier große Lawinenge-

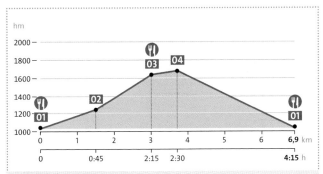

01 Prtovč, 1025 m; 02 Poden, 1264 m; 03 Krek-Hütte, 1642 m;
04 Altemaver, 1678 m

Die Krek-Hütte auf 1642 m

fahr. Oben angelangt wartet auf uns zuerst der Spaziergang zur **Krek-Hütte** 03. Von hier an sind es nur noch 15 Minuten bis zum Gipfel **Altemaver** 04 (entstammt der deutschen Sprache – „Altenmauer"). Viele Berge in dieser Gegend und auch Siedlungen am Südhang tragen Namen, bei denen man merkt, dass sie deutscher Herkunft sind. Im 13 Jh. siedelten sich hier Tiroler an.

Dank der Randstellung dieses Berges gibt es einen wunderschönen Ausblick auf die Julischen Alpen im Westen und auf alle anderen

Felsformen beim Aufstieg

höher gelegenen Plätze in Slowenien. Man sieht Karawanken, Steiner Alpen, Bachern (Pohorje) und im Süden die Gipfel Snežnik (1796 m) und Učka (1402 m, Kroatien). Von hier bis zum Monte Chiampon (Tour Nr. 9) sind es 80 km Luftlinie. So breit sind die Julischen Alpen.

Für den Rückweg nehmen wir den Weg durch das Razor-Tal zurück nach **Prtovč** 01. Auf diesem Weg kommen wir in eineinhalb Stunde zum Auto. Der Weg ist nicht so aussichtsreich, dafür ist er aber bequem und im Winter die einzige Alternative zum Besteigen dieser Berge.

Gipfel mit dem Richtungsverzeichnis

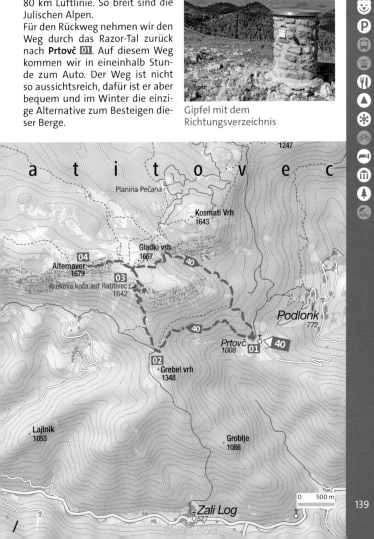

VRTAŠKA PLANINA (ALM) • 1462 m

Eine Hausalm von Mojstrana

  6 km 4:30 h 850 hm 850 hm 61

START | Ortsmitte Mojstrana
[GPS: UTM Zone 33 x: 418.583 m y: 5.145.871 m]
CHARAKTER | Eine leichte Wanderung, bei der wir auch den Ort Mojstrana besichtigen können.

Mojstrana – ein kleiner Ort, in dem viele Entscheidungen für die Erschließung der Julischen Alpen gefallen sind. Dort befindet sich auch ein modernes Berg- und Alpinmuseum.

▶ Auf der Straße ins Vratatal verlassen wir den Ort **Mojstrana 01**. Beim ersten Straßenanstieg zeigt ein Abzweig nach rechts Richtung Sleme und Vrtaška planina. Unser Weg ist gut markiert und führt uns zuerst auf den **Felsen Grančiše 02** (Fels, der aus Mojstrana gut erkennbar ist). Dann biegt der Weg nach links (Richtung Süden). In steilen Kehren gewinnen wir schnell an Höhe, kommen oft aus dem Wald und können immer weitere Ausblicke genießen. Auf dem Hang, den wir queren, bekommen wir immer mehr Felsenschwellen zu sehen. Da der Weg für Vieh angelegt wurde, gibt es keine Probleme. Erneut taucht unser Weg in Wald und nach 2:30 Std. erreichen wir die **Alm Vrtaška planina 03**. Der Ausblick reicht von den Karawanken bis zu den steilen Nordwänden der Gebirgsgruppe des Triglav. Auf der Alm ist eine Wasserquelle.
Für die Rückkehr nach Mojstrana brauchen wir ca. 2 Stunden (insge-

Links Triglav, in der Mitte Kukovašpica, rechts Karawanken, Dobratsch und in der Ferne die Hohen Tauern

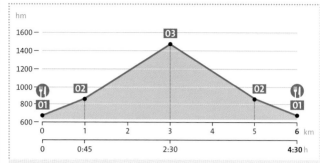

01 Mojstrana, 640 m; **02** Felsen Grančiše, 844 m; **03** Alm Vrtaška planina, 1462 m

samt 4:30 Std. Wanderung bis zur Alm und zurück).

Wenn wir über die nötige Kondition und Zeit verfügen, dann können wir in zwei Stunden auch den Gipfel des Sleme (2076 m) erreichen. Das ist der einzige markierte Weg in diesem Gebiet. Alle anderen Gipfel der Martuljek-Gruppe, die wir sehen, sind nur auf nicht markierten Wegen, auf denen auch Kletterstellen anzutreffen sind, erreichbar.

Die Tour zur Alm Vrtaška planina ist auch unter den Tourenskifahrern hochgeschätzt.

Winteraufstieg von der Alm zum Vrtaško Sleme

JEREBICA – CIMA DEL LAGO • 2126 m

Der Berg macht Eindruck aus Osten und aus Westen

  13 km 7:30 h 1550 hm  1550 hm 064

START | Možnicatal (8 km von Bovec)
[GPS: UTM Zone 33 x: 391.333 m y: 5.138.391 m]
CHARAKTER | Eine Wanderung, die uns die Einsamkeit dieses
Berges aufzeigt. Die meisten Probleme entstehen bei der Suche
nach Markierungen und dem Wegverlauf.

Ein langer, technisch nicht allzu anspruchsvoller Aufstieg auf einen Berg, der zwischen den Tälern Rio di Lago (I) und Koritnica (SLO) dominiert. Aufgrund der Abgeschiedenheit der Gegend ist die Orientierung schwierig.

▶ Aus Bovec fahren wir 8 km Richtung Predel. Gleich nach der Brücke über den Bach Koritnica ist der Abzweig für **Možnica 01** (kurz vor dem Ort Log pod Mangartom). Die Schotterstraße ist für den Verkehr gesperrt, deshalb gehen wir fast eine Stunde der Straße entlang, bis diese zu einem Fahrweg wird. Nach rechts biegt eine Straße ab, die zu einer verlassenen Grenzkaserne führt. Dort wurde vor Jahrzenten eine **Berghütte 02** errichtet. Da hier nur wenige Bergsteiger und Kletterer vorbeikommen, ist die Zukunft dieser Hütte ungewiss. Bisher wurde sie gelegentlich an den Sommerwochenenden geöffnet, es gibt aber keine geregelten Öffnungszeiten. Nach mehr als einer Stunde biegt der Weg scharf nach rechts ab. Bei allen Wegkreuzungen und Scheinwegkreuzungen halten wir uns

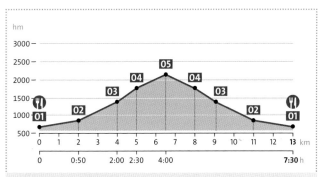

01 Možnica, 598 m; **02** Berghütte, 793 m; **03** Abzweig zur Jägerhütte, 1400 m; **04** Jezersko sedlo – Sella del Lago, 1720 m; **05** Jerebica, 2126 m

Blick auf Jerebica – Cima del Lago vom See

rechts und achten darauf, immer aufzusteigen. Der Weg steigt steil in Richtung Norden auf. Die ersten Seile, eingehauene Treppen und Bolzen bringen uns sicher über die Felsenschwelle. Danach sind wir wieder im Wald und der Weg ist steil. Wir steigen geradeaus und lassen den **Abzweig zur Jäger-**

hütte **03** (ca. 1400 m) nach rechts außer Acht (bis hier 2 Std.). Wir gehen weiterhin im hohen Gras, das die Wegfindung erschwert. Wir sollten uns eher links zur Felswand von Mesnovka orientieren, falls wir zweifeln. Auf dem Geröllhang biegen wir erneut nach rechts und über steile Hänge erreichen wir den Grenzkamm **Jezersko sedlo – Sella del Lago 04** (1720 m, 2:30 h). An dieser Stelle vereinen sich die Wege aus Slowenien und Italien.

Der italienische Weg startet oberhalb des Lago del Predil und ist mit Nr. 653 markiert. Da der Start fast auf 1000 m Seehöhe liegt, ist dieser Weg um 30 Minuten kürzer, jedoch sind in den letzten Jahren so viele Bäume umgestürzt, dass der Weg noch schwieriger zu finden ist als der slowenische. Einmal auf dem Grenzkamm angelangt gibt es kein Problem mehr mit der Orientierung. Wir brauchen nur noch eineinhalb Stunden zum **Gipfel 05**.

Entlang des Kamms geht es immer wieder rauf und runter und auch noch ein paar leichte Kletterabschnitte warten auf uns. Der Blick von oben ist phänomenal. Der See Lago del Predil – Rabeljs-

Blick auf Jerebica – Cima del Lago vom Koritnicatal

Abzweig für Cima del Lago aus Italien

ko jezero liegt vor unseren Füßen und wir blicken auf ihn wie aus dem Hubschrauber. Wischberg, Mangart und Jalovec spielen die Hauptrollen im Panorama.

Wir können auf der italienischen Seite absteigen und die Tapfersten können auch im See baden (maximal 18 Grad), allerdings muss man sich dann abholen lassen.

TAMAR-HÜTTE • 1108 m

Eine angenehme Halbtagswanderung

 12 km ⏱3:00 h ↗250 hm ↘250 hm 61

START | Ortsmitte Rateče
[GPS: UTM Zone 33 x: 401.735 m y: 5.149.938 m]
CHARAKTER | Eine leichte Talwanderung mit vielen
Sehenswürdigkeiten.

Eine leichte Wanderung, die uns in allen Jahreszeiten etwas zu bieten hat. Nordisches Skizentrum Planica und viele Wasserfälle in Tamar können wir am Weg bewundern.

▶ Zuerst verlassen wir den Ort **Rateče 01** in Richtung Süden und überqueren die Bundesstraße, die von Kranjska Gora nach Tarvis führt. Danach stoßen wir auf einen Weg, der östlich der Straße nach Planica verläuft. Es gibt Beschilderungen nach Planica und denen folgen wir.
Der Weg führt uns an der **Hütte Dom v Planici 02** vorbei und durch den Wald können wir schon die ersten Sprungschanzen erkennen

(45 Min.). Das Gebiet um das Nordische Skizentrum müssen wir auf der Straße überqueren, hinter der größten Flugschanze (Rekord liegt bei 248 m) kommt eine Schranke und dann können wir wieder gemütlich wandern.
Es gibt zwei Wege nach Tamar: Die Straße und die Trasse der Langlaufloipe. Wir bevorzugen die Langlaufloipe wegen der Informationstafeln und Gipfelhinweise. Zum Schluss sehen wir den König der Gipfel, den Jalovec (2645 m).
In 15 Minuten sind wir dann bei der **Tamar-Hütte 03**. Daneben gibt es eine schöne Kapelle mit Denkmaltafeln für viele Verun-

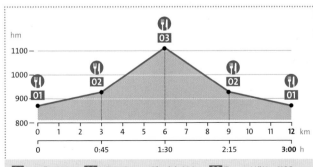

01 Rateče, 870 m; **02** Hütte Dom v Planici, 934 m; **03** Tamar-Hütte, 1108 m

Poljane

Bauha
1247

1480

Kališje
1443

1322

Colle Scenschi di sotto
1141

Zapret

Lomiči

Suše

990

Žaga 851

Bacon

348
an

Rateče
865

△ 43

01

M

Zelenci

P

Pri Savi

P

Ledine

845

Na Produ

P

Struge

Srednje brdo
1035

Podršak

Slatne

Lomi

1224

Smučarske
skakalnice
Schiflugschanzen
Planica

02

1134

Dom v Planici
934

1484

Monte Larice
1582

Kučerji

Prode

P

1611

Stara kreda

Ciprnik

Monte Buonaposta
1840

Glave

Visoka peč 1745

1749

Vitranc
1638

Piccola
Ponca
1925

Ovčja stran
1760

rticina
1844 Vratica

nna Ponza

43

1484

Visoka Ponca
Ponza Grande
2274

Planiška škrbina
2168

Mokri potok

Suhi vrh
1645

1066

a di mezzo
2228

Forca Rossa
2152

Srednja Ponca

Rdeča škrbina

Nova kreda

Sračnik

onza di Dietro
2242

Zadnja Ponca

Na vrtcu

Zelje

Grlo
1457

Zadnje

gova
rug
2265

Pod pečmi

Planinski dom
Tamar

Dom v Tamarju
108

03

Slemenova
špica
1911

Rupe

Prednje Robičje

1941

Vratica
1807

orca di Fusine
208

Slatnica
1815

ne
špica

V ravdlju

Rušje

Mala Mojstrovka
2332

Šitna glava
2087

0   500 m

rja
koč

Tamar

Velika Mojstrovka

Vršič
1611

P

Tamar-Hütte mit Jalovec

glückte in den benachbarten Bergen. Unweit der Tamar-Hütte gibt es auch Wasserfälle: Der Schwarze Wasserfall (Richtung Slemenova špica) und der Wasserfall Nadiža – eigener Weg nach Westen von der Hütte aus. Im Winter ist das Gebiet eine beliebte Langlaufgegend. Die „Dom v Tamarju"-Hütte ist durchwegs geöffnet.

PLANINA RAZOR (ALM) • 1315 m

Ein Weg, der uns zuerst an vielen interessanten
Naturwundern vorbeiführt

  18 km 7:00 h 1100 hm  1100 hm 2801

START | Zatolmin (2 km von Tolmin)
[GPS: UTM Zone 33 x: 401.840 m y: 5.116.421 m]
CHARAKTER | Eine lange Wanderung vorbei an den wichtigsten
Sehenswürdigkeiten bis zu einer Alm, die schon tief unterhalb der
Berge von Bohinj steht.

Das ist die südlichste Tour in diesem Wanderführer. Auch die geringe Seehöhe von nur 200 m trägt nicht unbedingt zur Bergstimmung bei. Gleich um die Ecke wird aber alles anders: Schluchten, Felsen, Grotten und anschließend das Bergdorf Tolminske Ravne, außerdem noch höher eine Berghütte, die schon ganz in den Alpen liegt.

▶ Von **Zatolmin 01** bringt uns die Straße zur Tolminka-Schlucht. Hier müssen wir einen **Abstecher 02** von der Straße hinunter in die Schlucht machen. Das ist der niedrigste Punkt des Nationalparks von Triglav – der Zusammenfluss zweier Bergbäche, dem Tolminka und dem Zadlaščica. Nachdem wir das Wasserrauschen von Tolminka und Zadlaščica hinter uns gelassen haben, kehren wir auf die Straße zurück. Nach 400 m überqueren wir die Schlucht von Tolminka über der sogenannten **Teufelsbrücke 03**. Der Blick in die

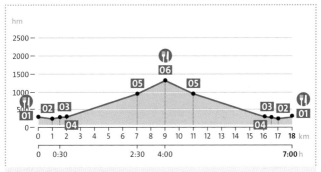

01 Zatolmin, 258 m; 02 Abzweig Tolminka Schlucht, 230 m;
03 Teufelsbrücke, 240 m; 04 Danteshöhle, 250 m; 05 Tolminske Ravne,
940 m; 06 Alm Planina Razor, 1315 m

Tolminka-Schlucht

vorbeiwandern, ist **Tolminske Ravne 05** (940 m). Von hier sind es noch eineinhalb Stunden Wanderung bis zur **Alm Planina Razor 06**. Von Zatolmin sind es vier Stunden. Möchten wir noch die Schlucht besichtigen, dann verlängert sich die Wanderung um eine Stunde. Der Besuch der Dantehöhle ist ein Ausflug für sich. Informationen zu den Höhlenführungen bekommen Sie an der Kassa der Tolminka-Schlucht.

Tiefe und auf die herandrückenden Felsen überzeugen uns von der Richtigkeit der Brückenbenennung. Nach einigen Minuten erreichen wir den Eingang in die **Dantehöhle 04**. Der Durchgang der Höhle ist nur mit einem Führer möglich. Die Namensherkunft der Höhle geht auf die folgende Geschichte zurück: Der Patriarch Pagano della Torre bekam Anfang des 14. Jhs. den berühmten italienischen Dichter Dante Alighieri in Tolmin zu Besuch. Er zeigte ihm diese Höhle. Der Dichter soll hier die Idee für die Darstellung der Hölle in seinem Werk „Die Göttliche Komödie" (Divina commedia) gehabt haben.

Nun verlassen wir die Wildnis von Tolminka und Zadlaščica und machen uns auf den Weg zur Berghütte auf der Razor-Alm. Nach 2 km endet die Asphaltstraße (Zadlaz Čadrg) und wir wandern weiter auf dem markierten Fußweg. Der letzte Ort, an dem wir

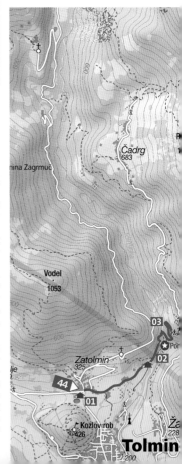

Malerisches Dorf – Tolminske Ravne

ENTLANG DES SOČA-FLUSSES • 920 m

Von der Quelle entlang des Flusses

 10 km 5:00 h  1300 hm 300 hm 064

START | Koča pri izviru Soče-Hütte
[GPS: UTM Zone 33 x: 401.905 m y: 5.140.553 m]
CHARAKTER | Eine schöne Wanderung entlang des oberen Teils des Soča-Flusses (Issnitz).

Die Troge von Soča

Von der Hütte Koča pri izviru Soče (von Bovec 25 km, von Kranjska Gora 24 km) können wir zuerst einen Abstecher zur Quelle machen. Nur dieser Teil ist schwierig. Die Kinder sollten mit Klettergurten gesichert werden.

▶ Talwärts von der **Koča pri izviru Soče-Hütte** 01 gibt es keine technischen Probleme. Wir gehen auf einem Wanderweg dem lebendigen Fluss entlang. Auf dem Weg gibt es neun Informationspunkte, die immer wieder zum Stehenbleiben einladen. Somit dauert es um einiges länger, als wenn wir nur wandern würden. Interessant sind die Hängebrücken, über

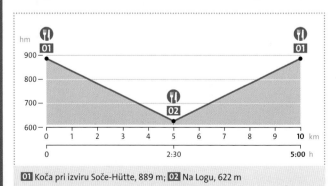

01 Koča pri izviru Soče-Hütte, 889 m; 02 Na Logu, 622 m

die wir oft das Flussufer wechseln. Ein einziges Mal führt uns der Weg bergauf auf die Straße zum Kugy-Denkmal bei der Kehre der Vršič-Straße. Vom Denkmal steigen wir direkt zur Schlucht Mlinarica hinab. Kurz vor dem Trenta-Museum überqueren wir zum letzen Mal den Soča-Fluss und gehen die letzten 200 m der Landstraße entlang zum Museum. Dort ist auch die Bushaltestelle. Für die Rückkehr nehmen Sie am besten den Bus, der Sie zur Bushaltestelle bei der ersten Kehre der Vršič-Straße bringt. Von dort sind es noch 30 Minuten bis zur **Koča pri izviru Soče-Hütte** 01. Die Wanderung können wir auch

Koča pri izviru Soče-Hütte

von unten (Na Logu) starten. Dann gehen wir flussaufwärts und die Dauer der Wanderung verlängert sich um mindestens 30 Minuten.

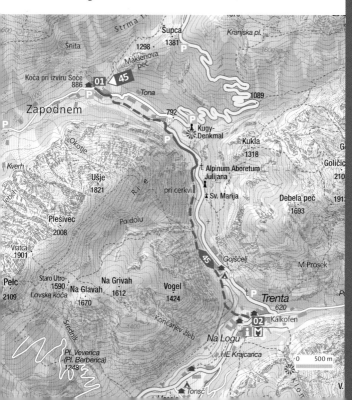

VIŠEVNIK • 2050 m

Von Pokljuka zu einem der einfachsten Zweitausender
in den Julischen Alpen

 6 km · 3:30 h · 700 hm · 700 hm · 064

START | Rudno Polje, 1347 m (16 km von Bled)
[GPS: UTM Zone 33 x: 417.102 m y: 5.133.001 m]
CHARAKTER | Ein leichter Aufstieg auf einen Hausgipfel der
Hochebene von Pokljuka, den man als einen einfachen
Zweitausender bezeichnen kann.

Viševnik im Spätherbst

▶ Auf **Rudno Polje** 01 endet die Straße von Pokljuka (von Bled 16 km). Wir suchen eine Forststraße Richtung Westen und steigen entlang den beiden Schleppliften auf den **Kamm Plesišče** 02 (1:15 Std.). Von hier haben wir unser Ziel direkt vor Augen.
Der Aufstieg ist bequem und leicht, nur auf einem kurzen Stück vor dem Gipfel ist der Weg eng und exponiert. Der Ausblick vom **Viševnik** 03 ist etwas Besonderes: Weiche Formen – grüner Wald im Süden und ein krasser Unterschied dazu im Norden – aus Stein

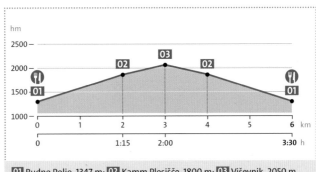

01 Rudno Polje, 1347 m; 02 Kamm Plesišče, 1800 m; 03 Viševnik, 2050 m

Blick von Pokljuka auf die Gipfel – der Viševnik ist links

gehauene Felsen, wo der Triglav die Blicke auf sich zieht.

Mit einem Fernglas können wir die Bergsteiger erkennen, die sich auf dem Triglav-Kamm befinden. Das ist auch der einfachste Zugang auf den Viševnik im Winter. Wir gehen den gleichen Weg zurück.

MANGARTSKA PLANINA (ALM) • 1295 m

Am Erdrutsch vorbei

 4 km 🕐 1:15 h 📈 200 hm 📉 200 hm 📖 064

START | Abzweig zur Mangartstraße − Pod Brlogi, 1094 m
(14 km aus Bovec, 15 km aus Tarvis)
[GPS: UTM Zone 33 x: 391.876 m y: 5.142.006 m]
CHARAKTER | Eine leichte Wanderung auf den Spuren des
Erdrutsches von 2000 auf eine lebendige Alm mit Bewirtung.

Eine schöne Wanderung parallel zur Bergstraße, bei der wir die Folgen des Erdrutsches besichtigen können und auf eine lebendige Alm kommen.

▶️ Bei der Kreuzung **Pod Brlogi** 01 zur Mautstraße auf den Mangartsattel gibt es einige Parkplätze. Den ersten Kilometer müssen wir entlang der Straße gehen. Wenn die Straße auf den Gegenhang einbiegt, wandern wir neben dem Wasserbett des Wildbachs hinauf. Wir gehen auf den **Resten des Erdrutschs** 02, der im November 2000 Verwüstung und sieben Todesopfer hinterließ. Hier können wir erkennen, was es heißt, wenn sich mehr als 1.000.000 m³ Erde talwärts bewegen. Nach 30 Minuten sind wir auf weichem Gras angelangt. Bis zur Alm sind es nur noch 15 Minuten auf einem gemütlichen Weg. Die **Alm Mangartska planina** 03 ist wie aus einem Bilderbuch. Hoch über uns die Felsen des Mangarts, unter uns die steinerne Verwüstung des Erdrutsches und dazwischen die sanfte und grüne Alm Mangartska planina. Auf der Alm können wir heimische Lebensmittel kaufen und kosten.

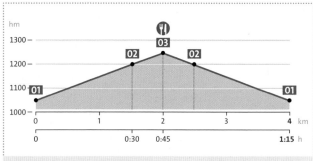

01 Pod Brlogi, 1094 m; 02 Erdrutsch-Reste, 1200 m; 03 Alm Mangartska planina, 1295 m

Bilderbuchaufnahme von der Mangartstraße

Bis zur Alm führt auch die Mangartstraße.
Kurz vor der Mautstelle biegt der Abzweig für die Alm nach links. Wir können die Alm als Ausgangspunkt für den Aufstieg auf den Mangart nutzen.
In zwei Stunden erreichen wir die Hütte Koča na Mangartskem sedlu (1906 m).

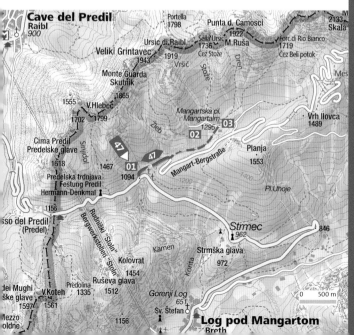

ŠKRLATICA • 2740 m

Nachbar des Triglav – dritthöchster Berg in den Julischen Alpen

 10 km 11:00 h 1800 hm 1800 hm 064

START | Bis zur Aljažev dom-Hütte im Vratatal kommen wir aus Mojstrana mit dem Auto; Parkplatz gebührenfrei
[GPS: UTM Zone 33 x: 411.144 m y: 5.140.178 m]
CHARAKTER | Der Aufstieg zum Škrlatica aus dem Vratatal ist eine lange Tour, die viel Kondition verlangt und auch Kraft in den Händen voraussetzt. Unter allen Zugängen hat dieser die wenigsten Zwischenabstiege. Nur ein Biwak liegt auf dem Weg als Übernachtungsmöglichkeit. Kein Wasser unterwegs.

Ein Aufstieg, bei dem es nur eine Notunterkunft im Biwak IV gibt, Wasser ist kaum zu finden und abhängig von der Jahreszeit. Wir müssen uns auf unsere eigenen Kräfte und Vorräte verlassen.

▶ Bis zur **Aljažev dom-Hütte 01** im Vrata-Tal kommen wir aus Mojstrana mit dem Auto. In der Nähe der dom-Hütte Aljažev ist schon der Abzweig für viele Gipfel, da-

runter „Škrlatica 6 h". Vor uns liegt ein mäßiger Aufstieg ohne nennenswerte Probleme bis zum Biwak IV (2:30 Std.). Das **Biwak 02** ist im Nebel leicht zu verfehlen. Es steht auf der linken Seite des Wegs beim Aufstieg. Hier sind wir schon hoch über der Waldgrenze und die Blicke umfassen die Giganten in unserer Nähe (Stenar) und die Berge auf der anderen Seite des Vratatals. Der Triglav und

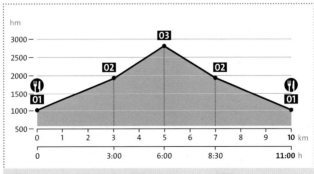

01 Aljažev dom-Hütte, 1015 m; **02** Biwak IV, 1980 m; **03** Škrlatica, 2740 m

Über dem Nebel

So sehen wir den Gipfel des Škrlatica

seine Nordwand ziehen unsere Blicke auf sich.

Unser Weg verläuft in Richtung Norden. Wir haben schon mit ersten Querungen zu tun, die der Schnee noch schwieriger machen kann. Es kommen immer wieder Wegabschnitte, wo wir uns mit den Händen helfen müssen, um aufwärts zu gelangen. Unser Weg führt an einer großen Höhle vorbei; manchmal kann man drinnen Wasser tanken.

Nun sind wir schon weit über 2000 m und das grüne Gras wird immer karger. Im Kar Zadnji Dolek erreichen wir eine Schutthalde, auf der das Aufsteigen schwieriger wird. Dieser Schutthalde folgen wir bis zum Einstieg in die Škrlatica-Südwand.

Die Keile, Bolzen und Seile zeigen uns eindeutig den Wegverlauf. Sehr attraktiv ist die Querung des glatten bauchförmigen Felsens. Es gibt genug Eisen in diesem „Bauch", jedoch kann hie und da einer der Keile etwas wackeln oder sich drehen. Im oberen Teil dieser „Klettereinlage" können wir auch ein Fenster in der Škrlatica-Wand bewundern.

Wir erreichen den Südkamm vom Škrlatica und da dieser sehr unübersichtlich und zerschlagen ist, müssen wir auf die Markierungen achten, die uns die einfachsten Passagen zeigen. Jeder Umweg bringt uns in unzählige Schwierigkeiten. Bis zum Gipfel sind es nur noch 20 Minuten.

Das große Kreuz ist unser Wegweiser zum **Škrlatica** 03. Der Abstieg erfolgt auf dem gleichen Weg. Auch wenn wir im Biwak IV übernachten, müssen wir genug Wasser mithaben. Es gibt keine Garantie, dass eine Quelle während unseres Aufstieges Wasser führt.

KOTOVO SEDLO • 2134 m

Einsame Gegend ohne Gipfeleroberung

 10 km 7:15 h 1550 hm 1550 hm 064

START | Log pod Mangartom, 650 m, nach 4 km ins Tal Loška Koritnica, Parkmöglichkeit, 850 m
[GPS: UTM Zone 33 x: 395.426 m y: 5.141.318 m]
CHARAKTER | Ein einsamer Weg, der uns in eine entlegene Gegend der Julischen Alpen bringt.

Mittelschwerer Aufstieg auf einen Sattel, der von dieser Seite nicht oft begangen wird.

▶ Vom Ort Log pod Mangartom führt eine Schotterstraße noch 4 km weit ins Tal Loška Koritnica (850 m). Vor dem Verkehrszeichen und der Rampe ist ein kleiner **Parkplatz 01**. Dort lassen wir das Auto stehen. Wir richten uns nach dem Wegweiser für Kotovo sedlo und Jalovec. Zuerst steigen wir bei der Alm Brda vorbei. Hier wird die Schotterstraße zum Pfad. Nach einer Stunde erreichen wir die **Jägerhütte 02** (1116 m). In der Nähe

ist auch eine Wasserquelle. Dann steigen wir ununterbrochen weiter, bis wir eine Höhe von 1750 m erreicht haben. Dieser Bereich heißt V koncu („Im Ende").
Hier folgen wir dem **Abzweig 03** nach rechts (Jalovec); der linke Weg führt nach Mangart. Wir kommen bald auf einen Felsvorsprung, auf dem wir waagerecht den steilen Hang queren. Nach ein paar gesicherten Stellen stoßen wir erneut auf einen Schotterhang (1950m), der oben auf dem Sattel **Kotovo sedlo 04** (2134 m) endet. Bis dorthin brauchen wir noch gute halbe Stunde.

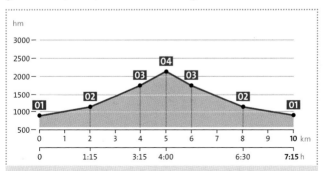

01 Parkplatz, 850 m; **02** Jägerhütte, 1116 m; **03** Abzweig, 1750 m;
04 Kotovo sedlo, 2134 m

Blick auf Kotovo sedlo von der Straße Bovec – Predel – Passo di Predil

Auf dem Sattel gönnen wir uns die verdiente Pause. Im Falle eines drohenden Gewitters können wir schnell zum neuen Biwak in Richtung Tamar absteigen. Vom Biwak zurück zum Sattel sind es 30 Minuten. Der Blick auf den zurückgelegten Weg und auf das Tal Loška Koritnica ist großartig. Über uns sind die Gipfel Jalovec und Mangart. Der Abstieg ist nur auf dem gleichem Weg möglich. Beim Abstieg sind nochmal die schwierigen Passagen zu überqueren. Achtung, dass wir trotz der müden Füße einen sicheren Tritt behalten.

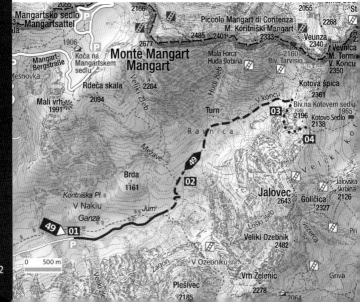

RAZOR • 2601 m

Markanter Berg über Kranjska Gora

 18 km 11:30 h 2100 hm 2100 hm 064

START | Kranjska Gora bzw. Kehre Nr. 3 der Vršič-Straße
[GPS: UTM Zone 33 x: 405.872 m y: 5.144.136 m]
CHARAKTER | Ein steiler und schwieriger Anstieg auf einen der höchsten Gipfel der Julischen Alpen. Ungeeignet als eintägiger Ausflug.

Das ist die Tour mit dem größten Höhenunterschied in diesem Wanderführer. Mit der Übernachtung in der Hütte Pogačnikov dom teilen wir die Tour in zwei vernünftige Hälften.

▶ Die Hütte Koča v Krnici erreichen wir von der **Kehre Nr. 3 01** der Vršič-Straße (30 Min.) oder von der Brücke über Velika Pišnica (2 km von Kranjska Gora, 1:30 Std.). Von der **Hütte Koča v Krnici 02** starten wir in Richtung Križ, Pogačnikov dom. In zwei Stunden kommen wir unter die Wand Kriška stena. Hier heißt es: Helm und die Sicherheitsgurte aus dem Rucksack rausholen. In der nächsten Stunde kann uns diese Ausrüstung das Leben retten.

Eine Stunde ist das Mindeste, was die Wand von uns verlangt, bevor wir oben auf 2375 m beim **Ausstieg 03** sind. Bald erblicken wir die Hochgebirgsebene namens Kriški podi.

Auch der Abstieg zur Hütte Pogačnikov dom (2050 m) ist stellenweise mit Eisen im Felsen

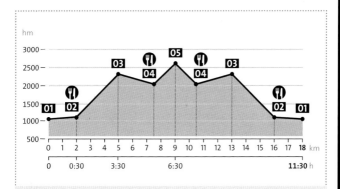

01 Kehre Nr. 3 (Auto), 1020 m; **02** Hütte Koča v Krnici, 1108 m; **03** Ausstieg Kriška stena, 2375 m; **04** Hütte Pogačnikov dom, 2050 m; **05** Razor, 2601 m

Razor vom Jasna-Stausse bei Kranjska Gora aus gesehen

geschmückt. Nach einer Stunde erreichen wir die **Hütte Pogačnikov dom 04** (2050 m). Wir haben uns eine Pause verdient.
Der Hüttenwirt der letzten Jahre ist mein Bekannter und seine Küche ist bekannt für ihre Eintöpfe; manchmal gibt es auch Sachertorte als Dessert.

Nach der Verschnaufpause gehen wir mit genug Proviant für drei Stunden und Kletterausrüstung dem Razor entgegen. Bis zum Sattel Planja (1:15 Std.) geht es problemlos, die letzten 45 Minuten müssen wir aber erneut unsere Muskeln strapazieren und kühlen Kopf bewahren – es geht senk-

Razor von Westen

recht nach oben. Die Stahlbolzen und Seile sind sicher angebracht und schön gespannt. Oben angekommen ist nur noch ein Spaziergang bis zum **Razor** `05`. Wir sind sehr, sehr hoch. Kranjska Gora liegt zu unseren Füßen. Alle Spitzen der Julischen Alpen sind um uns herum aufgereiht: Škrlatica, Triglav, Prisojnik, Jalovec, Mangart, Montasch und Wischberg. Der Abstieg ist um einiges schwieriger als der Aufstieg. Vorsicht in der Wand Kriška stena, damit wir keine Steine lostreten; unter uns sind andere Bergsteiger.

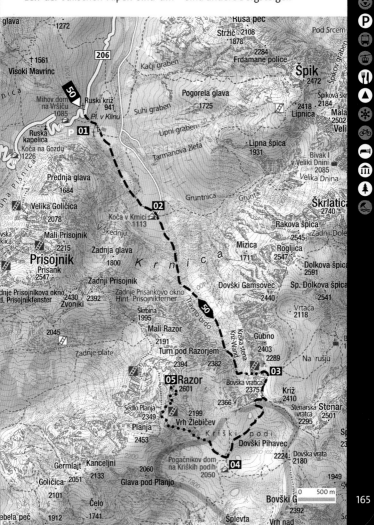

VEVNICA – VEUNZA • 2343 m

Der schwierigste Aufstieg in diesem Wanderführer

 15 km 10:00 h 1850 hm 1850 hm 064

START | Lago di Fusine – Oberer Weißerfelser See oder Rifiugo Zacchi
[GPS: UTM Zone 33 x: 397.960 m y: 5.147.447 m]
CHARAKTER | Nicht für jedermann. Kletterausrüstung und Eispickel unumgänglich.

Diejenigen, die mit den Klettersteigen der Klasse B und C keine Probleme haben, sind hier willkommen. Jedoch ist nicht alles so gesichert wie auf einem modernen Klettersteig.

▶ Start zu dieser Extremtour ist der Parkplatz am **Oberen Weißenfelser See** 01 (man kann aber auch von Rifugio Zacchi starten). Wir folgen dem Weg 513 zur **Alpe Vecchia** 02. Der Weg von der **Zacchi-**Hütte mündet 03 in unseren Weg auf einer Höhe von 1300 m ein. Wir steigen auf in Richtung Felsenamphitheater zwischen Vevnica und Kleinem Mangart, vorbei an einer Wasserquelle auf einen mit Schutt aufgerauten Hang. Hier ist die Sonne ein seltener Gast, dagegen gehören Wasserfälle und Steinschläge zum Alltag. Die Stimmung ist eher gedrückt. Wir steigen in Richtung Schneezunge nach links. Der **Wandeinstieg** 04 ist mit ro-

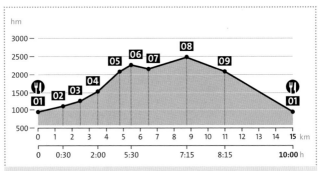

01 Lago di Fusine (superoir), 929 m; 02 Alpe Vecchia, 1100 m; 03 Zacchi-Hütte-Einmündung, 1300 m; 04 Einstieg in die Wand, 1550 m; 05 Kreuzung, 2100 m; 06 Veunza – Vevnica, 2343 m; 07 Biwak Tarvisio, 2160 m; 08 Kreuzung Mangartweg (italienischer Weg), 2500 m; 09 Mangartsattel, 2055 m

In diesem Kessel verläuft die Via della Vita

ten Zeichen (einmal Kreis, einmal Dreieck) gekennzeichnet. Es ist in dieser Passage sehr ratsam, einen Eispickel bei sich zu haben.

Der Einstieg erfordert sofort unsere volle Aufmerksamkeit. Sollte die Schneelage ungünstig sein, müssen wir einfach aufgeben, da wir den Sprung vom Schnee in den Felsen nicht schaffen können. Vorausgesetzt wir haben die Felsen erreicht, dann führt uns eine ununterbrochene Linie von Seilen und Bolzen in die Höhe. Zuerst nach links, dann überqueren wir weit nach rechts die Zentralnordwandpassage. Eine feuchte Mulde entpuppt sich als sehr attraktiver Abschnitt des Klettersteigs. Die nasse Stelle müssen wir schnell

passieren, um nicht selbst nass zu werden. Diese Stelle wird immer wieder repariert, da das Wasser, der Schnee und die Steine sämtliche Sicherheitseinrichtungen aus den Nägeln reißen. Die Metallketten trotzen der wilden Natur noch am besten. Hier ist eine gute „Foto-Shooting-Stelle".

Eine gute Athletik erleichtert uns die Bezwingung der senkrechten Stellen. Danach queren wir nach rechts und kommen mit einigen Klettereinlagen aus der Wand heraus. Wir folgen dem schlecht markierten Weg mit einigen verschütteten Einebnungen und Felsenabschnitten in Richtung Osten zum Gipfel von Veunza – Vevnica. Bei der **Kreuzung 05** weist uns der

Abgrund überall ...

Einfach ist es eben nicht

Pfeil nach links (Osten), den rechten Weg werden wir beim Abstieg nehmen (führt zum Biwak Tarvisio, 15 Min.).

Zum Schluss gehen wir auf einem grünen, leichten Weg zum **Vevnica 06**. Insgesamt müssen wir mit 5 bis 6 Stunden für den Aufstieg rechnen.

Der Abstieg ist ein Kapitel für sich. Der einfachste Weg ins Tal führt vom **Tarvisio-Biwak 07** auf dem Hauptkamm Vevnica – Mangart zuerst Richtung Mangart (auf slowenischer Seite) und bei der Kreuzung (30 Min. vom Biwak) nehmen wir den Weg ins Koritnicatal (3 Std.).

Müssen wir unbedingt zum Auto am Weißenfelser See kommen, dann gibt es drei nicht leichte Varianten: Von Vevnica nach Norden über Strug, Zadnja Ponca und Srednja Ponca zum Visoka Ponca und danach Abstieg zur Zacchi-Hütte und weiter zum Ausgangspunkt (5–6 Std.).

Oder auf gleichem Weg zurück. Der Abstieg fordert noch viel mehr Kondition und akrobatische Fähigkeiten, vor allem beim Klettern auf der Kettenleiter und bei der Wassermulde (Wasserfall). Der Klettersteig wurde schon vor dem Zweiten Weltkrieg angelegt und verlief anderswo. Wegen vielen tödlichen Unfällen (Steinschlag, Lawinen etc. ...) bekam der Klettersteig den Namen Via de la Morte. Vor 30 Jahren wurde der Weg erneuert und der Verlauf wurde durch schwierigere, aber für Steinschlag und Schneelawinen weniger exponierte Stellen gezogen (3:30 Std. für den Abstieg). Dafür bekam er den Namen Via della Vita.

In diesem Wanderführer abgebildeter Vorschlag für den Rückweg: Von Vevnica zum **Tarvisio-**

Detail aus der Via della Vita

Biwak `07` (2160m, slowenisch „Rob nad Zagačami"). Übernachtung möglich. Danach noch auf dem Weg zum Mangart (Aufstieg zum Gipfel nimmt noch eine zusätzliche Stunde in Anspruch). Wir folgen dem nördlichen (italienischen) **Abstiegsweg** `08` vom Mangart. Wir passieren die Stelle, wo der Klettersteig (Ferrata italiana) nach Norden senkrecht in den Abgrund verschwindet und steigen weiter ab zum kleinen Sattel **Čez Travnik** `09` (2166m).

Von dort biegen wir rechts nach Nordosten in einen Graben, der uns ganz gemütlich zum Weg 513 bringt, auf dem wir die Tour starteten. Falls wir diesen nicht markierten Weg verfehlen, können nen wir noch weiter absteigen zum Parkplatz der Mangartstraße. Dieses Joch heißt Čez Jezik (italienisch „Forcella Lavinal", deutsch „Lahnscharte") und ist 2055 m hoch. Wenn auf uns da kein Auto wartet, dann bleibt uns nichts anderes übrig, als in zwei Stunden in das Valle della Lavina bis zum Weißenfelser See abzusteigen (von Vevnica nach Mangart 2:30 bis 3:00 Std., von Mangart zum See noch 3:30 bis 4:00 Std. Insgesamt mehr als 5 Stunden für den Abstieg, ohne auf den Mangart zu steigen).

ALM VELO POLJE • 1680 m

Eine große Alm nahe an der Triglav-Autobahn

 17 km 7:00 h 1000 hm 1000 hm 064

START | Stara Fužina (540m) oder Dom na Vojah Hütte (690 m)
[GPS: UTM Zone 33 x: 413.869 m y: 5.128.966 m]
CHARAKTER | Eine Wanderung zu einer lebendigen Alm, wo wir Ruhe und Schönheit finden werden.

Diesen Weg kann man nicht verfehlen, da er für den Aufstieg zum Triglav sehr start benützt und frequentiert wird. Erst kurz vor der Hütte Vodnikov dom biegt unser Weg in die ruhige Gegend der Alm Velo Polje ab.

▶ Wenn wir planen in der Gegend von Velo Polje zu übernachten, dann loht es sich, das Auto in Stara Fužina zu parken. Die Wunder der Natur in der Schlucht Mostnica sind einfach atemberaubend. Eine genaue Beschreibung der Mostnica-Schlucht finden Sie in der Tour 29. Wir gehen an der **Planinska koča na Vojah-Hütte 01** vorbei und noch 2,5 km auf der Schotterstraße weiter. Die Wiese erlaubt die ersten Blicke in die Höhe. Eine Stunde nach der Hütte sind wir am Ende des Tales angelangt. Rechts geht es zum **Mostnica-Wasserfall 02**.

Unser Weg beginnt in Kehren anzusteigen. Auf diesem Weg läuft auch das Vieh auf die oben liegenden Almen, das heißt der Weg ist bequem und sicher. Wir treffen unzählige Eroberer des Triglav, die aus Bohinj auf den höchsten Berg

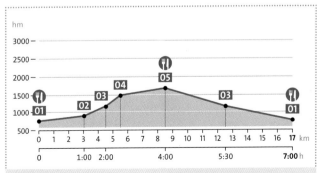

01 Planinska koča na Vojah-Hütte, 690 m; **02** Mostnica-Wasserfall, 820 m; **03** Alm Spodnja Grintovica, 1165 m; **04** Karsttrichter, 1500 m; **05** Alm Velo Polje, 1660 m

Alm Velo Polje

Sloweniens starten. Eine Stunde nach dem Abzweig beim Mostnica-Wasserfall erreichen wir die **Alm Spodnja Grintovica** `03` (1165 m, Wasser). Der Abzweig links führt auf die Alm Zgornja Grintovica und weiter auf die Alm Krstenica (Tour 29). Der eingeschlagene Weg ist unsere beste Markierung;

er steigt mal Richtung Westen, mal Richtung Norden. Auf einer Höhe von ca. 1500 m erreichen wir einen **Karsttrichter** `04` (Jurjevčeva vrtača). Noch 30 Minuten und wir kommen zum Rand der **Alm Velo Polje** `05` (ca. 1700 m). Dort nehmen wir den linken Abzweig (rechts führt der Weg zur Hütte Vodnikov dom und damit verlassen wir die Triglav-Autobahn).

Bis zu den Hirtenhütten ist es nur noch eine 30 Minuten dauernde, nicht anstrengende Wanderung. Auf der Alm kann man übernachten (billiger als in der Hütte Vodnikov dom), sie ist im Sommer nicht allzu überlaufen und der Hirte bedient uns mit gutem Essen von der Alm. Auf gleichem Weg zurück.

Eine Alternative wäre es, nach Uskovnica abzusteigen und von dort ins Vojetal zurückzukehren. Dieser Weg ist etwas länger, dafür erleben wir etwas Neues und blicken aus einer anderen Perspektive auf die Julischen Alpen.

Die „grüne" Alm

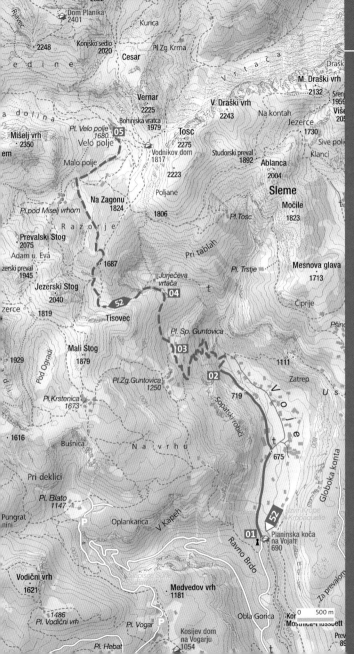

UM DEN SEE VON BOHINJ (WOCHAINER SEE) • 525 m

Spaziergang um den See

 10,8 km 3:00 h 80 hm 80 hm 064

START | Brücke im Ribčev Laz (525 m)
[GPS: UTM Zone 33 x: 414.165 m y: 5.125.568 m]
CHARAKTER | Ein gemütlicher Wanderweg, der dem Wanderer den Charakter des Gletschersees näher bringt. Ein Badesee im Sommer.

Eine leichte Wanderung um den See mit sehr vielen Bilderbuchausblicken.

▶ Die Straße führt entlang des südlichen Seeufers. Unsere möglichen Ausgangspunkte sind die Orte Ribčev Laz, Stara Fužina oder Ukanc. Parkplätze in Ribčev Laz und Stara Fužina sind kostenpflichtig (1,50 €/Std. von 6:00 bis 20:00 Uhr) und im Sommer schell besetzt. Kostenlos kann man auf einigen Plätzen zwischen Ukanc und Ribčev Laz oder in Ukanc selbst parken. Von Ukanc fährt eine Gondel zum Schigebiet Vogel und bei der Talstation gibt es (außer in der Wintersaison) genug Parkplätze.
Der hier beschriebene Weg startet von der Brücke in **Ribčev Laz** 01. Das ist die einzige Stelle, wo der Wanderer auf der Straße gehen muss. Wir überqueren die Straße nach Ukanc und finden den Wanderweg, der entlang der Straße läuft. Zuerst sehen wir die Felswand namens „Skalca", in der Kletterer ihr Können beweisen. Im Winter ist auch ein Natureislaufplatz in der Nähe. Dort finden

wir einen Wegweiser für Ukanc. Wir nehmen die kürzere Variante „Ukanc 1:15 h". Dieser Weg verläuft neben der Straße und wird im Winter auch als Langlaufloipe genutzt. Es gibt Raststellen mit herr-

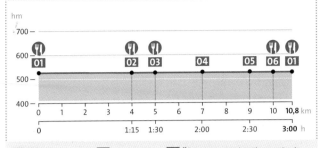

01 Ribčev Laz, 525 m; **02** Ukanc, 525 m; **03** Überquerung des Flusses Savica, 525 m; **04** Wildbachbecken – Govic, 525 m; **05** Ufer bei Stara Fužina, 525 m; **06** Restaurant und Parkplatz, 525 m

lichem Blick auf den See und die Nordhänge über ihm. Unterwegs werden wir eine kleine Kirche und ein Jugendhotel sehen. Nach einer Stunde Gehzeit kommen wir zum Campingplatz **Ukanc** **02**. Am besten wir gehen durch den Campingplatz und am Ausgang Richtung Westen haben wir zwei Möglichkeiten. Rechts verläuft ein Pfad, auf dem wir in kürzerem Bogen das Westufer umwandern. Dieser Pfad hat aber einen Haken: Auf ihm muss man den **Fluss Savi-**

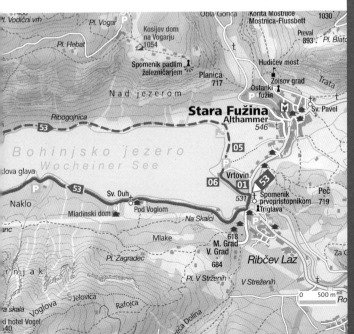

Ein Badesee mit schönen Ausblicken

ca `03`, der in den See fließt, ohne Brücke überqueren. Die Wassertiefe beträgt ca. 0,50 m, aber das Wasser ist auch im Sommer eiskalt. Wenn man der Straße nach Ukanc weiter folgt, dann findet man beim Hotel Zlatorog in Ukanc den Wegweiser, der nach Norden zeigt und der über eine Brücke auf die Nordseite des Sees führt. In der Badesaison gibt es hier die besten Strände und das klarste Wasser. Die Hälfte unseres Weges ist geschafft. Die Holzwegweiser leiten uns sicher um den See.

Die Nordseite des Sees ist geheimnisvoller. Es gibt nur ein einziges Haus (das keine Zufahrtsstraße hat) und viele Badeecken. Wir überqueren ein **Wildbachbecken – Govic** `04`. Dieser Wildbach führt nur nach lang anhaltenden Niederschlägen Wasser, bei Hochwasser kann diese Stelle unpassierbar sein. Durch den Wald führt der Wanderweg auf und ab, bis man bei einer verlassenen Fischzucht ankommt. Ab hier wird der Pfad zu einem breiten Weg. Schritt für Schritt kommen die Badeufer von **Stara Fužina** `05` näher. Die letzte halbe Stunde verläuft auf Wiesen, die sich zum See erstrecken. Bei einem **Parkplatz mit Restaurant** `06` kommt man auf einen geteerten Weg, der uns durch den Wald zurück zum **Ribčev Laz** `01` auf die Brücke bringt.

Man kann die Tour verkürzen, indem man die Busverbindung von Ukanc nach Ribčev Laz nimmt und sich damit 1:15 Std. an Gehzeit erspart.

See Bohinjsko jezero

RUDNICA • 946 m

Hügel beim See von Bohinj

 6 km · 4:30 h · 450 hm · 450 hm · 064

START | Stara Fužina (540m) oder Ribčev Laz (525 m)
[GPS: UTM Zone 33 x: 414.373 m y: 5.125.995 m]
CHARAKTER | Eine leichte Wanderung von Stara Fužina auf den Hügel, der in der Mitte zwischen dem oberen und dem unteren Bohinjtal liegt. Eine Wanderung mit vielen schönen Ausblicken.

Das ist eine einfache Wanderung, ein Halbtagsausflug.

▶ Auf dem Straßenabschnitt Ribčev Laz – **Stara Fužina 01** (kostenloser Parkplatz kann im Sommer ein Problem werden) suchen wir den Wegweiser für Rudnica (gelbe Tafel mit der Nummer 9). Zuerst über eine Brücke, auf der auch der Fahrradweg nach Bohinjska Bistrica verläuft. Diesem Weg folgen wir eine kurze Zeit, danach biegen wir nach links (gut beschildert mit den gelben Tafeln Nr. 9). Zuerst steigen wir auf einen Hügel namens Peč (der Weg weicht dem Gipfel aus), danach steigen

Winter über Bohinj

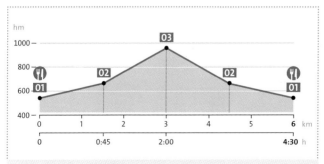

01 Stara Fužina, 540 m; **02** Sattel, 670 m; **03** Rudnica, 946 m

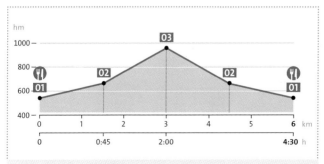

Blick von Rudnica auf den See

wir ca. 30 Meter ab auf einen lang gezogenen **Sattel** 02. Nun sind wir im Bereich von Rudnica und es geht immer nur mäßig aufwärts. Die Waldpassagen werden durch Bergwiesen unterbrochen. So bekommen wir schon einen Vorgeschmack auf die Aussicht, die uns oben erwartet.

Nach knapp zwei Stunden sind wir auf dem **Rudnica** 03 angelangt. Oben ist eine Holzbank und das Metallfach mit dem Stempel und dem Gipfelbuch. Trotz der niedrigen Höhe ist das ein viel bestiegener Berg. Alle Zugänge sind gut beschildert und wir können uns hier nicht verlaufen.

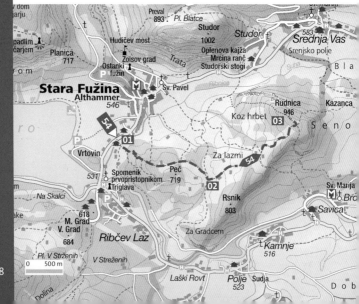

VELIKO ŠPIČJE • 2398 m

Eine Wand über dem Sočatal

 18,8 km · 11:00 h · 1700 hm · 1700 hm · 064

START | Ort Na Logu im Sočatal (622 m), für Allradfahrzeuge die Schranke im Zadnjicatal (700 m)
[GPS: UTM Zone 33 x: 405.779 m y: 5.137.449 m]
CHARAKTER | Eine Wanderung, bei der wir großteils auf einem Militärweg bis zur Hütte Zasavska koča wandern; erst hier beginnen die technischen Schwierigkeiten.

Dieses Tal wird oft erwähnt, da die Ausblicke auf die Berge von der Soča-Seite besonders schön sind. Viele Militärwege aus dem Ersten Weltkrieg helfen, dieses Gebiet den Wanderern zu erschließen.

▶ Dieser Gipfel ist von keiner Seite aus leicht zu erobern. Alle Zugänge sind lang und meist mit einem gewaltigen Höhenunterschied verbunden. Gott sei Dank, dass auf dem Weg eine Hütte steht, die uns Essen und Übernachtung bietet. Die Hütte ist von Ende Juni bis Anfang Oktober geöffnet. Außerhalb der Saison gibt es eine Winternotunterkunft.

Zuerst wandern wir im **Zadnjicatal 01** bis zur **Wegkreuzung 02**: rechts unser Weg und links Koča na Doliču. Die Schotterstraße wird zu einem Wanderpfad, der uns in vielen Serpentinen, die unsere Wanderung leichter machen, aufwärts bringt. Je früher wir uns hier befinden, umso höher kommen wir ohne Sonnenschein. Unerwartet treffen wir auf eine **Wasserquelle 03** (Wasser fließt

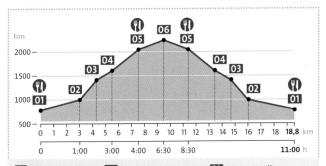

01 Zadnjicatal, 700 m; **02** Wegkreuzung, 1000 m; **03** Wasserquelle, 1410 m; **04** Sattel Čez Dol, 1632 m; **05** Hütte Zasavska koča, 2071 m; **06** Veliko Špičje, 2398 m

Blick auf die Triglav-Seen vom Veliko Špičje

immer, auch in Dürrezeiten). Wir erreichen den **Sattel Čez Dol** `04` (1632 m). Dort kommt vom anderen Tal ein Militärweg herauf, der weiter zur Hütte führt. Der Wald wird immer lichter und wir genießen eine immer schönere Aussicht. Vom Sattel Čez Dol ist es noch eine gute Stunde bis zur Hütte.

Bei der **Hütte Zasavska koča** `05` suchen wir den Wegweiser für „Veliko Špičje 2:30 h". Zuerst laufen wir auf einer weißen „Mondlandschaft", danach steigen wir bergauf auf den lang gezogenen und gezahnten Kamm, der uns über viele Kammgipfel zum Ziel bringt. Schon beim ersten Vorgipfel erreichen wir eine Höhe von 2300 m. Weiter geht es in einem Auf und Ab, das aber wegen enger Felsen immer schwieriger wird. Dafür wird aber auch die Aussicht immer schöner und unsere

Augen umarmen eine gewaltige Landschaft rund um uns. Der Blick reicht bei schönem Wetter bis zu den Hohen Tauern und Dolomiten. Die große Werft bei Monfalcone (30 km von Triest) ist ohne Fernglas zu erkennen. Auf dem wahren Gipfel von **Veliko Špičje** `06` treffen wir auf den Weg, der von den Triglav-Seen kommt. Falls wir nicht an den Ausgangsort gebunden sind, können wir die Tour zu den Triglav-Seen fortführen.

Der Abstieg ist etwas leichter als der hinter uns liegende Aufstieg. Bis zur Triglav-See-Hütte sind es weniger als 2 Stunden.

Ansonsten kehren wir auf dem gleichen Weg zurück. Wenn wir diese Tour in einem Tag durchführen, haben wir kaum Zeit, alles zu erleben oder zu bewundern, was uns dieser Weg bietet. Daher ist es ratsam, in der Hütte Zasavska koča zu übernachten.

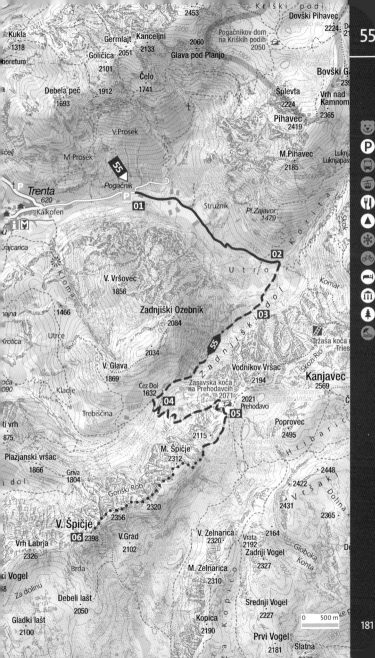

Wenn man das Gebiet um die Julischen Alpen großräumig betrachtet, dann gibt es einiges zu unternehmen, wenn uns das Wetter im Stich lässt oder dass wir aus anderen Gründen nicht wandern wollen.

In der Umgebung von den Julischen Alpen befinden sich sowohl die größeren **Städte** Villach, Ljubljana und Udine als auch die berühmten **Grotten** Postojnska jama, Škocjanske jame und in Italien die Grotta Gigante unweit von Triest.

Im engen Raum der Julischen Alpen gibt es auch einige „überdachte" Angebote.

Beginnend im Süden gibt es ein **Museum des Ersten Weltkriegs** in Kobarid, www.kobariski-muzej.si/deu/

Im Zentralgebiet der Julischen Alpen an der Isonzo – Soča steht oberhalb von Bovec (20 km) das **Trenta-Museum**. Alles über dieses Museum und vieles andere im Triglav-Nationalpark erfahren Sie unter www.tnp.si/nationalpark

In der Stadt **Gemona – Klemaun** können Sie neben Sehenswürdigkeiten auch die nicht beseitigten Folgen des Erdbebens von 1976 sehen.

Tarvis hat einen berühmten, überdachten und lebendigen Marktplatz.

Unweit von Tarvis liegt der Ort **Cave del Predil**, deutsch „Raibl", slowenisch „Rabelj". Dort gibt es Spuren eines Blei- und Zinkbergwerks. Man kann die Stollen besichtigen.

Bootshafen am Bohinjsko jezero

In **Malborghetto** (Malborgeth, Nabor-jet) gibt es einen schönen Palast, der im venezianischen Stil erbaut wurde.

In Bohinska Bistrica findet man einen **Wasserpark**: www.vodni-park-bohinj.si/deu

Unweit von Bled steht die Ortschaft Begunje. Hier gibt es eine Gaststätte und das **Museum von Slavko Avsenik** (Oberkrainer): www.avsenik.com/de

Jause auf der Alm

Hervorzuheben sind noch das **Nordische Museum in Planica** (www.nc-planica.si/planiski-muzej/#) und das **Alpinmuseum in Mojstrana** (www.planinskimuzej.si/?lang=en).

Weitere Bademöglichkeiten
Zum Baden laden die beiden größten Seen in diesem Gebiet, Bohinjsko je-zero und Blejsko jezero, ein. Für ganz tapfere Schwimmer ist auch der Lago di Predil eine schöne Erfrischung. Im Sommer wird auch der Fluss Natisone – Nadiža (bei Kobarid) ein beliebter Fluss zum Schwimmen. Die Temperatur steigt weit über 20 °C in den Sommermonaten.

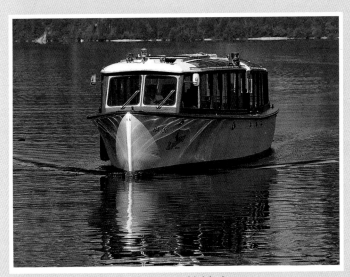

Bootsfahrt auf dem Wochainer See – Bohinjsko jezero

Ⓔ unter 30 EUR ⒺⒺ 30 - 60 EUR ⒺⒺⒺ über 60 EUR
(pro Pers/DZ/incl. Frühstück)

Neben Berghütten und Biwaks, die im Wanderführer schon angeführt sind, gibt es noch einige Hütten, die man auf der Wanderkarte findet und auch besuchen kann. In den 3 Sommermonaten (Juli, August und September) haben alle Hütten geöffnet. In den restlichen Monaten bitte vorab Informationen einholen!

Bled ....**Plz 4260**
Grand Hotel Toplice (ⒺⒺⒺ), Cesta svobode 12, info@hotelibled.com,
　www.sava-hotels-resorts.com/de/unterbringung/sava-hoteli-bled/
　grand-hotel-toplice
Hotel Park (Ⓔ-ⒺⒺ), Cesta svobode 15, info@hotelibled.com,
　www.sava-hotels-resorts.com/de/unterbringung/sava-hoteli-bled/hotel-park
Hotel Savica za družine (Ⓔ-ⒺⒺ), Cankarjeva cesta 6, Tel. +386 (04) 579 19 00
　info@hotelibled.com, www.sava-hotels-resorts.com/en/accomodations/
　sava-hoteli-bled/hotel-savica
Gasthaus Pri planincu (zum Bergsteiger), Gabi Noč, s.p. (Ⓔ), Grajska cesta 8,
　Tel. +386 (04) 574 16 13
Glamping Ribno (Ⓔ), Izletniška ulica 44, Tel. +386 (04) 578 31 00,
　info@hotel-ribno.si, www.sportina-turizem.si/glamping-ribno/
　ponudba-glampinga/glamping-ribno-bled
Penzion Berc (ⒺⒺⒺ), Želeška cesta 15, Tel. +386 (04) 574 18 38,
　info@penzion-berc.si, www.penzion-berc.si/de.html
Penzion Kaps (ⒺⒺ), Želeška cesta 22, Tel. +386 (041) 618 513,
　info@penzion-kaps.si, www.penzion-kaps.si/de/startseite
Autocamp Šobec (Ⓔ), Šobčeva cesta 25, 4248 Lesce, Tel. +386 (04) 535 37 00,
　sobec@siol.net, http://sobec.si/de/
Autocamp Zaka (Ⓔ), Kidričeva cesta 10c, info@camping-bled.com,
　www.sava-hotels-resorts.com/en/accomodations/sava-hoteli-bled/
　camping-bled

Bohinjska Bistrica ....**Plz 4264**
Bohinj ECO Hotel (ⒺⒺⒺ), Triglavska cesta 17, booking@bohinj-eco-hotel.si,
　www.bohinj-eco-hotel.si
Hotel Kristal Bohinj, d.o.o., Bohinjsko Jezero (ⒺⒺ-ⒺⒺⒺ), Ribčev Laz 4a,
　4265 Bohinjsko jezero, info@hotel-kristal-slovenia.com,
　www.hotel-kristal.si/de
Ski Hotel Vogel (ⒺⒺ-ⒺⒺⒺ), Ukanc 180, 4265 Bohinjsko jezero, info@hotel-ski.si,
　www.hotel-ski.si/de/sport-und-entspannung
Šport hotel Pokljuka (ⒺⒺ-ⒺⒺⒺ), Goreljek 103, 4247 Zgornje Gorje,
　info@sporthotel.si, http://sporthotel.si/
Kamp Danica (Ⓔ), Triglavska cesta 60, info@camp-danica.si,
　www.camp-danica.si/de

Camp Zlatorog (Goldhorn) (**⊜**), Ukanc 5, 4265 Bohinjsko jezero,
info@camp-bohinj.si, www.camp-bohinj.si/de.html

Bovec .... **Plz 5230**
Hotel Mangart (**⊜⊜**), Mala vas 107, booking@hotel-mangart.com,
www.hotel-mangart.com
Hotel Dobra Vila Bovec (**⊜⊜**), Mala vas 112, welcome@dobra-vila-bovec.si,
www.dobra-vila-bovec.si
Camping Soča (**⊜**), Soča 8, 5232 Soča, kamp.soca@siol.net, http://vas-soca.si
Camping Vodenca (**⊜**), Vodenca, info@camp-vodenca.com,
www.camp-vodenca.com

Gemona del Friuli (Klemaun) .... **Plz 33013 (UD, Italien)**
Hotel Willy (**⊜⊜**), Via Bariglaria, 164, info@hotelwilly.com, www.hotelwilly.com
Hotel Pittini (**⊜⊜**), Piazzale della Stazione, 10, info@hotelpittini.it,
www.hotelpittini.it
Albergo Trattoria da SI-SI (**⊜⊜**), Via Piovega, 19, info@hotelsisi.it,
www.hotelsisi.it/DE/home.asp
Camping (**⊜-⊜⊜**), Via Bersaglio, 118, bar-camping-taxi@aipioppi.it,
www.campingaipioppi.it/deu/index.html

Kobarid ....**Plz 5222**
Gaststätte Hiša Franko (**⊜⊜⊜**), hier arbeitet die weltberühmte Meisterköchin Ana
Roš, Staro selo 1, info@hisafranko.com, www.hisafranko.com/de

Kranjska Gora ....**Plz 4280**
Hotel Larix Ramada (**⊜⊜⊜**), Borovška cesta 99, info@hit-alpinea.si,
www.hit-alpinea.si
Hotel Skipass (**⊜⊜⊜**), Koroška ulica 14a, info@skipasstravel.si,
www.skipasshotel.si
Gasthaus zum Martin (**⊜**), Borovška cesta 61, gostilnaprimartinu@gmail.com,
www.julijana.info/de
Kamp Špik (**⊜**), Jezerci 15, 4282 Gozd Martuljek, Tel. +386 (051) 634 466,
info@camp-spik.si, www.camp-spik.com/de
Natura Eco Camp (**⊜**), book@naturaecocamp.si, www.naturaecocamp.si/en

Sella Nevea ....**Plz 33010 (UD, Italien)**
Hotel Canin (**⊜⊜**), Via Carinzia, 7, info@hotelcanin.it, www.hotelcanin.it
Hotel Forte (**⊜⊜**), Via Friuli, 5, info@sporthotelforte.com,
www.sporthotelforte.com/it

Tarvis (Tarvisio) ....**Plz 33018 (UD, Italien)**
Hotel Haberl (**⊜⊜**), Via G. Kugy, 1, www.hotelhaberl.com
Hotel Edelhof (**⊜⊜⊜**), Via Armando Diaz, 13, info@hoteledelhof.com,
www.hoteledelhof.it/de/
Albergo Trattoria da SI-SI (**⊜⊜**), Via Piovega, 19, info@hotelsisi.it,
www.hotelsisi.it/DE/home.asp
Camping (**⊜-⊜⊜**), Via Bersaglio, 118, bar-camping-taxi@aipioppi.it,
www.campingaipioppi.it/deu/index.html

REGISTER

A ....
Aljažev dom-Hütte • 93, 94, 95, 96, 158
Alpe Vecchia • 166
Altemaver (Ratitovec) • 137, 138

B ....
Bavšica • 83, 85
Bavški Grintavec • 75, 76, 83, 84, 85
Begunje • 183
Bela Pic • 54
Bivacco Gorizia • 40, 41
Blato • 86, 87, 108
Bled • 12, 13, 14, 18, 116, 130, 131, 154, 183, 184
Blejska koča • 116, 118
Blejsko jezero • 183
Bohinj • 13, 14, 86, 87, 90, 92, 110, 116, 118, 149, 171, 174, 177, 184
Bohinjsko jezero • 108, 176, 183, 184, 185
Bohinska Bistrica • 183
Bovec • 14, 56, 57, 58, 60, 62, 83, 143, 152, 156, 162, 182, 185

C ....
Camporosso • 14, 34, 36, 37
Cave del Predil (Raibl, Rabelj) • 182
Čez Dol • 179, 180
Čez Suho • 112, 113, 114
Chiout Cali • 49, 51
Cima del Cacciatore (Steinerner Jäger, Kamniti Lovec) • 37
Cima del Lago • 143, 144, 145
Črna prst • 9, 134, 136

D ....
Debela peč • 18, 116, 118
Dolič • 96, 103, 104, 105
Dom na Matajure • 70
Dom v Planici • 146
Dom v Tamarju • 77, 80, 82, 146, 148

E ....
Erjavčeva koča-Hütte • 122, 124

F ....
Forca alta di Rio Bianco • 40
Forca dei Disteis • 22, 24
Forca di Vandul • 25
Forcella del Vallone • 40, 42
Forcella di Riofreddo • 31
Forcella Moses • 31

G ....
Gemona (Klemaun) • 14, 28, 29, 30, 46, 182, 185
Gilberti Hütte • 43, 44, 54, 57, 58
Gilberti-Hütte • 54, 56, 57
Gorizia (Görz, Gorica) • 12, 14, 40
Govic • 175, 176
Gozd Martuljek • 121, 128, 129, 185
Grotta Gigante • 182

H ....
Hansaweg • 17

J ....
Jalovec • 33, 77, 78, 79, 80, 82, 119, 120, 126, 145, 146, 148, 161, 162, 165
Jasna-Stausee • 125
Javornik • 116
Jerebica • 143, 144
Jezersko sedlo • 143, 144
Jôf di Miezegnot • 28, 30
Jôf Fuart (Wischberg, Viš) • 18, 31, 32

K ....
Kanjavec • 87, 103, 104, 105
Kluže (Flitsch) • 14, 60
Kobarid • 14, 71, 182, 183, 185
Koča na izviru Soče • 152
Koča pri Krnskih jezerih • 63, 66, 72, 74
Koča pri Savici-Hütte • 132
Koča v Krnici • 119, 120, 163

Kotovo sedlo • 77, 78, 79, 161, 162
Kranjska Gora • 13, 14, 17, 119, 122, 123, 125, 126, 137, 146, 152, 163, 164, 165, 185
Kriško jezero • 97, 98
Krn • 18, 63, 64, 66, 72, 74
Krn-See • 63, 64, 72, 74
Krnska škrbina • 63, 64, 66
Krstenica • 106, 108, 172

L ....
Lago del Predil • 31, 40, 144
Lago di Fusine • 52, 166
Lago di Predil • 183
Ledvička See • 86
Lepena-Tal • 63, 66
Lipanca • 18, 116, 118
Ljubljana • 12, 182
Log pod Mangartom • 143, 161

M ....
Mala Zaka • 130
Malborghetto (Malborgeth, Naborjet) • 182
Malga di Lussari • 34, 37
Malga Saisera • 28
Mangart (Monte Mangart) • 33, 53, 67, 68, 69, 77, 80, 145, 156, 157, 161, 162, 165, 166, 168, 170, 185
Mangartska planina, Alm • 156
Mlino • 130
Mojca-Hütte • 125, 126
Mojstrana • 14, 93, 98, 100, 140, 142, 158, 183
Mojstrovka • 17, 77, 80, 82
Montasio (Montasch) • 22, 24, 49, 51
Monte Canin (Kanin) • 33, 50, 54, 55, 56, 104
Monte Chiampon • 46, 47, 48, 139
Monte Cimone • 16, 25, 27, 49, 50, 51
Monte Forato (Prestreljenik) • 33, 44, 57, 58, 59

Monte Lussari (Luschariberg, Sv. Višarje) • 13, 33, 34, 36, 37, 38
Monte Mataiur (Matajur) • 70
Monte Sart (Žrd) • 43, 44, 50, 68
Možnica • 143

N ....
Na Logu • 97, 103, 152, 153, 179

O ....
Oberer Weißenfelser See • 52

P ....
Patocco • 49, 51
Pecolalm • 22, 24, 25, 27, 51
Planica • 79, 80, 126, 146, 183
Planina pri Jezeru • 86, 87, 90, 91, 92
Planina Razor, Alm • 149, 150
Planina Zapotok • 75, 76
Planinska koča na Vojah-Hütte • 106, 108, 171
Plesišče • 154
Pod Brlogi • 156
Poden • 137
Planina Polog • 72
Pogačnikov dom-Hütte • 97, 98, 99, 124, 163, 164
Pokljuka • 18, 109, 116, 118, 136, 154, 155, 184
Ponza • 53
Poštarski dom • 122, 124
Postojnska jama • 182
Praprotnica • 109
Prehodci • 63, 66, 72, 74
Prevala • 57
Prisojnik (Prisank) • 17, 122, 126, 165
Prtovč • 137, 139

R ....
Rateče • 146
Ratitovec • 137
Ravne • 134, 149, 150, 151
Razor • 120, 126, 139, 149, 150, 163, 164, 165

Ribčev Laz • 112, 113, 114, 174, 175, 176, 177, 184
Rifiugo di Brazza • 22
Rifiugo Fratelli Grego • 28
Rifugio Brunner • 31, 33, 40, 42
Rifugio Corsi • 31, 33, 40, 42
Rifugio Pelizzo • 70, 71
Rifugio Zacchi • 52, 53, 166
Rio Bianco • 31, 33, 40, 42
Rjavina • 100, 101, 102, 120
Rodica • 112, 113
Rombon • 14, 60, 62, 84
Rudnica • 177, 178
Rudno Polje • 109, 116, 154

S ....
Saisera Alm • 28
Savica • 132, 175, 184
Schwarzer See • 86
See von Bohinj (Wochainer-See) • 108, 112, 174, 177
Sella di Somdogna • 28
Sella di Sompdogna • 30
Sella Foredor • 46, 47, 48
Sella Nevea • 13, 14, 22, 25, 31, 33, 40, 43, 44, 54, 56, 57, 185
Sella Peravo • 43
Škocjanske jame • 182
Škrbina pod Prestreljenikom • 57, 58
Škrlatica • 120, 158, 160, 165
Slap Savica • 132
Slemenova špica • 77, 80, 81, 82, 148
Soča (Isonzo, Issnitz) • 14, 61, 63, 66, 75, 84, 85, 97, 103, 152, 153, 179, 182, 185
Špik • 119, 120, 121, 128, 185
Spodnja Grintovica • 171, 172
Staničev dom • 100, 101
Stara Fužina • 86, 90, 91, 92, 106, 108, 171, 174, 175, 176, 177
Stenar • 97, 98, 158

T ....
Tamar • 78, 80, 82, 146, 148, 162

Tarvis • 12, 13, 14, 27, 30, 31, 33, 35, 37, 40, 43, 146, 156, 182, 185
Tolmin • 14, 72, 149, 150
Tolminka-Quelle • 72
Tolminka-Schlucht • 72, 149, 150
Triglav • 13, 14, 86, 87, 93, 94, 95, 96, 97, 98, 100, 103, 105, 108, 114, 118, 119, 120, 136, 140, 141, 149, 155, 158, 165, 171, 172, 180, 182

U ....
Udine • 12, 27, 30, 182
Ukanc • 132, 133, 174, 175, 176, 184, 185
Uskovnica-Alm • 109, 110, 111, 172

V ....
Vale Rio del Lago • 31, 40
Val Raccolana • 49
Veliko Špičje • 179, 180
Velo Polje, Alm • 105, 171, 172
Vevnica Veunza • 166
Villach • 12, 24, 182
Viševnik • 86, 154, 155
Vitranc • 125, 126
Vogar • 90, 91, 92, 108
Vrata • 86, 87, 93, 98, 100, 140, 158
Vršič • 17, 77, 79, 80, 82, 119, 122, 124, 153, 163
Vrtaška planina, Alm • 9, 140, 142
Vrtaško Sleme • 142

Z ....
Zadnja Trenta • 75
Zadnjica-Tal • 97, 103, 105, 179
Zajamniki • 109, 110
Zaka • 130, 184
Za Liscem • 134, 136
Zasavska koča • 86, 87, 103, 179, 180
Zatolmin • 72, 149, 150
Žrd • 43

IMPRESSUM

© KOMPASS-Karten, A-6020 Innsbruck (17.01)
1. Auflage 2017   Verlagsnummer 5966   ISBN 978-3-99044-231-9

....

Text und Fotografie: Boris Korenčan

Titelbild: Der See von Bohinj

Bildnachweis: Alle Bilder stammen vom Autor
Ausnahmen Fotografie: Jurij Struna: S. 3, 20/21, S. 66 oben, 113 oben, 114, 138 oben; Hribi.net: S. 5, 128, 151; Matjaž Maležič: S. 78, 176; Marko Hočevar: 164

Grafische Herstellung: Maria Strobl

Wanderkartenausschnitte: © KOMPASS-Karten GmbH
OpenStreetMap Contributors (www.openstreetmap.org)

Kartengrundlage für Gebietsübersichtskarte S. 10-11, U4:
© MairDumont, D-73751 Ostfildern 4

Alle Angaben und Routenbeschreibungen wurden nach bestem Wissen gemäß unserer derzeitigen Informationslage gemacht. Die Wanderungen wurden sehr sorgfältig ausgewählt und beschrieben, Schwierigkeiten werden im Text kurz angegeben. Es können jedoch Änderungen an Wegen und im aktuellen Naturzustand eintreten. Wanderer und alle Kartenbenützer müssen darauf achten, dass aufgrund ständiger Veränderungen die Wegzustände bezüglich Begehbarkeit sich nicht mit den Angaben in der Karte decken müssen. Bei der großen Fülle des bearbeiteten Materials sind daher vereinzelte Fehler und Unstimmigkeiten nicht vermeidbar. Die Verwendung dieses Führers erfolgt ausschließlich auf eigenes Risiko und auf eigene Gefahr, somit eigenverantwortlich. Eine Haftung für etwaige Unfälle oder Schäden jeder Art wird daher nicht übernommen. Für Berichtigungen und Verbesserungsvorschläge ist die Redaktion stets dankbar. Korrekturhinweise bitte an folgende Anschrift:

KOMPASS-Karten GmbH
Karl-Kapferer-Straße 5, A-6020 Innsbruck
www.kompass.de/service/kontakt

FSC
MIX
Paper from responsible sources
FSC® C011918
www.fsc.org